职业教育“十三五”财经系列规划教材

基础会计

JICHU KUAIJI

李艳杰　王浩伟　刘艳华◎主　编
白　雪　张　晓　刘佳奇◎副主编

電子工業出版社
Publishing House of Electronics Industry
北京·BEIJING

内 容 简 介

本教材结合目前最新减费降税政策，以会计循环为体系，结合企业会计实践工作经验编写而成。全书分 8 个项目，系统阐述了企业会计的基本理论、基础知识、基本核算方法及企业会计核算的基本技能。内容依次为：会计基本理论、会计核算基础知识、填制与审核会计凭证、借贷记账法的应用、设置与登记会计账簿、财产清查、账务处理程序、编制财务会计报告。每个项目前均设有岗位要求和案例导入，每个项目后均配有基础知识测评、岗位能力测评等，在本教材结尾处还配备了综合练习。

本教材具有易学性、新颖性、创新性、实用性等特点，适合高职（高专）基础会计学的教学使用，也适合各类会计人员自学使用。

图书在版编目（CIP）数据

基础会计 / 李艳杰，王浩伟，刘艳华主编. —北京：电子工业出版社，2020.7
职业教育“十三五”财经系列规划教材

ISBN 978-7-121-39023-4

Ⅰ. ①基… Ⅱ. ①李… ②王… ③刘… Ⅲ. ①会计学－高等职业教育－教材 Ⅳ. ①F230

中国版本图书馆 CIP 数据核字（2020）第 082019 号

责任编辑：刘　殊　　　特约编辑：田学清
印　　刷：三河市君旺印务有限公司
装　　订：三河市君旺印务有限公司
出版发行：电子工业出版社
　　　　　北京市海淀区万寿路 173 信箱　　　邮编：100036
开　　本：787×1092　1/16　　印张：14　　字数：298 千字
版　　次：2020 年 7 月第 1 版
印　　次：2020 年 7 月第 1 次印刷
定　　价：52.00 元

凡所购买电子工业出版社图书有缺损问题，请向购买书店调换。若书店售缺，请与本社发行部联系。联系及邮购电话：（010）88254888，88258888。

质量投诉请发邮件至 zlts@phei.com.cn，盗版侵权举报请发邮件至 dbqq@phei.com.cn。

本书咨询联系方式：（010）88254199，sjb@phei.com.cn。

前言

随着我国市场经济的快速发展，会计作为企业的核心管理环节，为企业的发展提供了坚实的内在支撑力。现代社会对会计信息的依赖程度和质量要求越来越高，同时对会计人才的知识和技能提出了更高的要求。基础会计是会计专业及经济管理类相关专业的基础课程、入门课程，是一门技术性、应用性很强的学科。这门学科旨在通过课程教学使学生掌握基本会计知识与技能，为提高学生综合素质，使其成为高素质的工作者，打下一定的会计理论和实践技能基础。

本教材结合目前最新的减费降税政策，以会计循环为体系，以会计要素、会计科目、借贷记账法、会计凭证与账簿、财产清查、账务处理程序、财务会计报告为主要内容完成编写。本教材全面系统地介绍了会计基本理论和会计基本方法，使学生可以完整地理解会计核算的整个过程。本教材突出体现了会计核算业务的系统性、实操性和真实性，同时具有以下几个特点。

1. 易学性。本教材语言通俗易懂、循序渐进。编者结合自己多年的教学经验对各项目的难点进行了深入浅出的讲解，尤其是具体业务部分，对每一道例题都进行了详细的分析和讲解。

2. 新颖性。本教材根据《企业会计准则》并结合目前最新的减费降税政策编写。

3. 创新性。本教材融“教、学、做”为一体，更专注打造品牌教材，在贯穿全新教学理念、拓宽学生视野的同时，更注重对高等院校会计人才技能性、实操性的培养，最大限度地提高学生适应复杂社会环境和完成开创性工作的能力。

4. 实用性。本教材充分考虑到企业对会计人才的需求，以典型的经济业务为例，以“实用”“够用”为目的，避免了太难、太偏的内容。

本教材在编写过程中参阅了大量资料，在此向相关作者表示由衷的谢意！由于编者水平有限，书中难免存在疏漏和不妥之处，恳请广大读者批评指正。

编　者

目录

项目1
会计基本理论

岗位要求

知识目标

1. 理解会计的概念、会计的职能及会计核算方法。
2. 了解会计的产生、会计的发展及其目标。

能力目标

掌握会计基本假设、会计基础、会计计量属性及会计信息质量要求。

案例导入

中国古代云南地区的佤族人把一根绳索挂于墙上，用于记载与清算债权、债务账目，他们将记事的绳索分为三个区间，分别代表放债数额、放债利息和放债时间。例如，在绳的上部结出三个大结，表示已借出去三元滇币；在绳的中间结出一个大结和一个小结，表示每半年应收一元半滇币的利息；在绳的下部结出三个大结和一个小结，则表示上述债务已经借出去三年半了。

问题：

（1）“结绳记事”被称为会计的萌芽，它是在何种社会生产环境下产生的？

（2）会计最基本的功能是记录数据，那么它还有哪些职能呢？

（3）你认为会计是什么？为什么说“经济越发展，会计越重要”？

任务 1　会计的概念、职能与目标

1.1　会计的概念

1.1.1　会计的产生与发展

会计最初只是作为生产职能的附带部分，即“在生产时间之外附带地把收支记载下来”。随着生产力的发展，剩余产品出现以后，会计逐渐从生产职能中分离出来，成为独立的职能。

1. 会计的产生

物质资料的生产是人类社会存在和发展的基础，人类要生存，社会要发展，就必须依靠生产活动来创造衣、食、住、行等所需要的生产、生活资料。资源的稀缺性和人类社会发展需求的无限性之间的矛盾，促使人们在物质资料的生产活动中，必须关心自己的生产成果与生产这些成果所消耗生产资料的比例，讲求效益，力求少投入、多产出。为了达到这个目标，人们必须对劳动过程进行组织和规划，同时对劳动成果和劳动耗费进行观察、计量、记录、计算和比较，从而也就产生了融合于生产经营活动中的会计。最初，会计只是生产职能的附带部分，它是由生产者凭借记忆或简单的记录，在生产时间之外附带将收入、支出等事项记载下来。随着生产力的发展，剩余产品出现以后，会计才逐渐从生产职能中分离出来，成为一项独立的职能。

2. 会计的发展

会计是随着人类社会生产的发展和经济管理的需要而产生、发展并不断得到完善的。其中，会计的发展可划分为古代会计、近代会计和现代会计三个阶段。

（1）古代会计阶段。古代会计，从时间上说，是从旧石器时代的中晚期至封建社会末期这段漫长的时期。从会计所运用的主要技术方法方面看，主要涉及原始计量记录法、单式账簿法和初创时期的复式记账法等。在这个阶段，会计所进行的计量、记录、分析等工作一开始是同其他计算工作混合在一起的，经过漫长的发展过程，才逐步形成一套具有自己特征的方法体系，并成为一种独立的管理工作。

（2）近代会计阶段。近代会计的时间跨度标志一般认为应从 1494 年意大利数学家、会计学家卢卡·帕乔利所著《算术、几何、比及比例概要》一书公开出版开始，直至 20 世纪 40 年代末。在这个阶段，会计的方法技术与内容有两个方面的重大发展：其一是复式记账法不断得到完善和推广；其二是成本会计的产生和迅速发展，继而成为会计学中管理会计分支的重要基础。

（3）现代会计阶段。现代会计的时间跨度是自 20 世纪 50 年代开始到目前。在这个阶段，会计的方法技术和内容的发展有两个重要标志：一是会计核算手段方面质的飞跃，即现代电子技术与会计融合产生的“会计电算化”；二是会计伴随着生产和管理科学的发展而分化为财务会计和管理会计两个分支。1946 年，第一台电子计算机在美国诞生；1953 年，计算机在会计工作中得到初步应用，其后迅速发展；20 世纪 70 年代，发达国家出现了电子计算机软件方面数据库的应用，并建立了电子计算机的全面管理系统。从系统的财务会计中分离出来的“管理会计”这一术语在 1952 年的世界会计学会上获得正式通过。

1.1.2　会计的概念

从会计的发展、变化来看，会计的概念可以表述为：会计是以货币为主要计量单位，以凭证为依据，采用专门方法和程序，对企业和行政、事业单位的经济活动进行完整的、连续的、系统的核算和监督，以提供经济信息和反映受托责任履行情况为主要目的的经济管理活动。

1.2　会计的职能

会计的职能是指会计在经济管理中所具有的功能。《中华人民共和国会计法》（以下简称《会计法》）规定：“会计机构、会计人员依照本法规定进行会计核算，实行会计监督。”《会计法》将会计的基本职能表述为核算和监督。

1.2.1　基本职能

1. 会计核算

会计核算是指会计以货币为主要计量单位，对特定主体的经济活动进行确认、计量和报告。会计核算贯穿于经济活动的全过程，是会计最基本的职能，也是实现其他职能的前提。

2. 会计监督

会计监督是指对特定主体经济活动和相关会计核算的真实性、合法性和合理性进行审查。真实性审查是指检查各项会计核算是否根据实际发生的经济业务进行。合法性审查是指检查各项经济业务是否符合国家有关法律法规，遵守财经纪律，执行国家各项方针政策，以杜绝违法乱纪行为。合理性审查是指检查各项财务收支是否符合客观经济规律及经济管理方面的要求，保证各项财务收支符合特定的财务收支计划，实现预算目标。会计监督职能是现代会计不可缺少的功能，是会计工作的灵魂和核心。

会计核算与会计监督是相辅相成、辩证统一的关系。会计核算是会计监督的基础，没有会计核算就没有会计监督，如果没有会计核算提供的各种信息，会计监督就失去了依据；会计监督是会计核算的质量保障，如果只有会计核算没有会计监督，就难以保证会计核算提供信息的质量。

1.2.2 拓展职能

1. 预测经济前景

预测职能是指根据财务会计报告等提供的信息，定量或者定性地判断、推测经济活动的发展变化规律，以指导和调节经济活动，提高经济效益。

2. 参与经济决策

决策职能是指根据财务会计报告等提供的信息，运用定量分析和定性分析的方法，对备选的方案进行可行性分析，为经营管理等提供与决策相关的信息。

3. 评价经营业绩

评价职能是指根据财务会计报告等提供的信息，采用适当的方法，对企业在一定经营期间的资产运营、经济效益等经营成果，对照相应的评价标准，进行定量及定性对比分析，做出真实、客观、公正的综合评判。

1.3 会计的目标

会计的目标是指在一定的客观环境和经济条件下，会计工作人员通过会计实践活动所期望达到的结果。会计作为一个经济信息系统，其具体目标就是为会计信息使用者提供有用的会计信息。提供有用的会计信息应解决三个方面的问题：一是为谁提供会计信息；二是提供什么样的会计信息；三是如何提供会计信息。

会计的具体目标取决于会计信息使用者的需要。其可以表述为要求会计工作完成的任务或达到的标准，即向会计信息使用者提供与企业财务状况、经营成果和现金流量等有关的会计信息，反映企业管理层受托责任的履行情况，有助于会计信息使用者做出经济决策。（这也是在 2007 年实行的《企业会计准则》中，对财务会计报告的目标。）

会计信息使用者包括外部使用者和内部使用者。外部使用者主要包括政府有关部门、投资者及潜在的投资者、债权人、购买企业产品的客户、供应商、社会公众等。不同的外部使用者，对会计信息有着不同的要求：政府有关部门需要掌握进行宏观决策、监督法规执行等方面的会计信息；投资者及潜在的投资者需要了解企业目前的经营状况、盈利能力及未来发展趋势等方面的会计信息；债权人则比较关心企业的偿债能力；购买企业产品的客户需要了解产品质量及公司履行义务的能力；供应商则比较关心企业货款的结算情况；社会公众需要了解企业是否具有社会责任感（如是否有环境污染问题）。内部使用者需要全面掌握企业的财务状况、经营成果、盈利能力、偿债能力等会计信息，内部使用者主要是指企业的内部管理者。

任务 2　会计基本假设、会计基础和会计计量属性

2.1　会计基本假设

会计基本假设是对会计核算所处的时间、空间环境等所做的合理假定，是企业会计确认、计量和报告的前提。会计基本假设包括会计主体、持续经营、会计分期和货币计量。

2.1.1　会计主体

会计主体是指一个特定的具有独立性或相对独立性的单位。会计主体是会计工作服务的特定对象，是企业会计确认、计量、报告的空间范围。

首先，会计主体划定了会计所要处理的各项交易或事项的范围。在会计核算工作中，只有那些影响企业本身经济利益的各项交易或事项才能得到确认和计量。其次，会计主体明确了会计人员必须站在企业本身的立场进行会计处理。最后，会计主体假设这一基本前提要求将会计主体的经济活动与会计主体所有者的经济活动区分开来，即会计主体所有者的经济活动不属于会计处理的范围，而属于会计主体所有者个人的事情。

需要注意的是，会计主体不同于法律主体。一般来说，法律主体必然是一个会计主体。例如，一个企业作为法律主体，应当建立会计核算体系，独立反映其财务状况、经营成果和现金流量。但会计主体不一定是法律主体。例如，在企业集团中，一个母公司拥有若干个子公司，企业集团在母公司的统一领导下开展生产经营活动，母公司与子公司是不同的法律主体，但为了反映企业集团的财务状况、经营成果和现金流量，就有必要将这个企业集团作为一个会计主体，编制合并会计报表。

2.1.2　持续经营

持续经营是指在可以预见的将来，企业将按当前的规模和状态继续经营下去，不会

停业，也不会大规模削减业务。在持续经营假设下，会计确认、计量和报告应当以企业持续、正常的生产经营活动为前提。

企业是否持续经营，在会计原则、会计方法上有很大差别。明确这一基本前提，就意味着会计主体将按照既定的用途使用资产，按照既定的合约条件清偿债务，会计人员就可以在此基础上选择会计原则和会计方法。例如，企业固定资产的使用年限通常超过一年，只有在持续经营前提下，才可以假定其会在生产经营过程中长期发挥作用，才可以根据历史成本进行记录，并采用将历史成本系统地分摊到各个会计期间或相关的成本中的方法，否则就不应采用这种方法。

由于持续经营是根据企业发展的一般情况所做的假设，而任何企业都存在破产、清算的风险。换言之，所有的企业不能持续经营的可能性都是存在的，为此，企业必须定期对其持续经营的基本前提做出分析和判断。如果判断企业不能持续经营，就应当改变会计原则和会计方法，并在企业财务会计报告中进行相应披露。

2.1.3 会计分期

会计分期是指将持续经营的生产经营活动人为地划分成一个个连续、相等的期间，据以分期结算账目和编制财务会计报告。会计期间分为年度和中期。中期是指短于一个完整的会计年度的报告期间。

明确会计分期这个基本前提对会计核算有着重要影响。由于会计分期，才产生了当期与其他期间的区别，从而企业才能按照归属期确认收入和费用；由于会计分期，才使不同类型的会计主体有了记账的基础，进而采用相应的会计处理方法。

最常见的会计期间是一年，以一年确定的会计期间称为会计年度，按照年度编制的财务会计报告称为年报；短于一年的财务会计报告称为中期报表。在我国，会计年度自公历每年的 1 月 1 日起至 12 月 31 日止。

2.1.4 货币计量

货币计量是指会计核算须以货币作为主要计量单位。在货币计量的前提下，一般来说，我国企业的会计核算以人民币为记账本位币。业务收支以人民币以外的货币为主的企业，可以选定其中的一种货币作为记账本位币，但是编制财务会计报告应当将其他货币折算为人民币。在境外设立的中国企业向国内报送财务会计报告时，应当将其他货币折算为人民币。

在会计核算过程中之所以选择货币作为计量单位，是由货币本身的属性决定的。货币是商品的一般等价物，是衡量一般商品价值的共同尺度，具有价值尺度、流通手段、贮藏手段和支付手段等功能。其他计量单位，如重量、长度、容积、台、件等，只能从一个侧面反映生产经营成果，无法在量上进行比较，不便于实物管理和会计计量。所以，为全面反映企业的生产经营、业务收支等情况，会计核算选择货币为计量单位。

2.2　会计基础

会计基础是会计确认、计量和报告的基础，具体包括收付实现制和权责发生制。

2.2.1　收付实现制

收付实现制是指以本期实际收到或支付的现金作为确认收入和费用的标准。在我国，政府会计由预算会计和财务会计构成。其中，预算会计采用收付实现制，国务院另有规定的，依照其规定；财务会计采用权责发生制。

2.2.2　权责发生制

权责发生制是指按照收入的权利和支出的责任是否归属于本期来确认收入、费用的标准，而不是按款项的实际收支是否在本期发生，也就是以应收、应付为标准。在会计实务中，企业交易或者事项的发生时间与相关货币的收支时间并不完全一致。根据权责发生制，凡属于本期的收入和费用，无论款项是否收付，都应当作为本期的收入和费用；凡不属于本期的收入和费用，即使款项已经在本期收付，也不应当作为本期的收入和费用。

收付实现制（现金制）和权责发生制（应计制）是针对收入和费用而言的，都是会计核算中确定本期收入和费用的会计核算方法。但是收付实现制强调款项的收付，权责发生制强调应计的收入和为取得收入而发生的费用相配合。采用收付实现制处理经济业务对反映财务成果欠缺真实性、准确性；采用权责发生制比较科学、合理，企业会计确认、计量和报告应当以权责发生制为基础。

2.2.3　收付实现制与权责发生制的比较

【例 1-1】某企业 2019 年 1 月发生如下经济业务。

（1）企业销售一批货物 80 000 元，货款存入银行。

（2）收回上月的销货款 70 000 元，货款存入银行。

（3）以银行存款支付上月的水电费 840 元。

（4）以现金支付本月的办公费 900 元。

（5）以银行存款支付全年房屋租赁费 60 000 元。

（6）预收其他单位购货款 100 000 元，货物下月发出。

分别按收付实现制和权责发生制确认该企业 2019 年 1 月的收入和费用，结果如表 1-1 所示。

表 1-1 收付实现制和权责发生制对比分析表

单位：元

经济业务	收付实现制		权责发生制	
	收入	费用	收入	费用
1	80 000		80 000	
2	70 000			
3		840		
4		900		900
5		60 000		5 000
6	100 000			
合计	250 000	61 740	80 000	5 900

2.3 会计计量属性

会计计量是指为了将符合确认条件的会计要素登记入账并列于会计报表而确定其金额的过程。会计计量属性主要包括历史成本、重置成本、可变现净值、现值和公允价值等。

2.3.1 历史成本

历史成本又称实际成本，是指取得或制造某项财产物资时所实际支付的现金或者现金等价物。在采用历史成本计量时，资产按照其购置时支付的现金或现金等价物的金额，或者按照购置时所付出对价的公允价值计量；负债按照其因承担现实义务而实际支付的款项或者资产的金额，或者承担现时义务的合同金额，或者按照日常活动中为偿还负债预期需要支付的现金或者现金等价物的金额计量。

2.3.2 重置成本

重置成本又称现行成本，是指按照当前市场条件，重新取得同样一项资产所需支付的现金或现金等价物金额。在采用重置成本计量时，资产按照现在购买相同或者相似资产所需支付的现金或者现金等价物的金额计量；负债按照现在偿付该项债务所需支付的现金或者现金等价物的金额计量。

2.3.3　可变现净值

可变现净值是指在生产经营过程中，以预计售价减去进一步加工的成本和销售所必需的预计税金、费用后的净值。在采用可变现净值计量时，资产按照其正常对外销售所能收到的现金或者现金等价物的金额，扣减该资产至完工时估计将要发生的成本、估计的销售费用及相关税费后的金额计量。

2.3.4　现值

现值是指对未来现金流量以恰当的折现率进行折现后的价值，是考虑货币时间价值因素等的一种计量属性。在采用现值计量时，资产按照预计从其持续使用和最终处置中所产生的未来净现金流入量的折现金额计量；负债按照预计期限内需要偿还的未来净现金流出量的折现金额计量。

2.3.5　公允价值

公允价值是指市场参与者在计量日发生的有序交易中，出售一项资产所能收到或者转移一项负债所需支付的价格。

任务 3　会计信息质量要求

会计信息质量要求是对会计核算工作的基本要求，也是对企业财务会计报告所提供会计信息质量的基本要求，是使财务会计报告所提供的会计信息对投资者决策有用应具备的基本特征。根据《企业会计准则》的规定，我国会计信息质量要求主要包括可靠性、相关性、可理解性、可比性、实质重于形式、重要性、谨慎性、及时性。

3.1　可靠性

可靠性要求企业的会计核算应当以实际发生的交易或者事项为依据，如实反映企业的财务状况、经营成果和现金流量。《企业会计准则》规定："企业应当以实际发生的交易或者事项为依据进行会计确认、计量和报告，如实反映符合确认和计量要求的各项会计要素及其他相关信息，保证会计信息真实可靠、内容完整。"

企业提供会计信息的目的是满足会计信息使用者的决策需要，因此应做到内容真实、数字准确、资料可靠。在会计核算工作中应坚持以上原则，客观地反映企业的财务状况、经营成果和现金流量，保证会计信息的真实性；会计工作应当正确运用会计原则和会计方法，准确反映企业的实际情况；会计信息应当能够经受验证，以核实其是否真实。

可靠性是衡量会计信息质量最基础的原则。如果企业以虚假的交易或者事项进行确认、计量和报告，就属于违法行为，这不仅会严重损害会计信息质量，而且会误导投资者，干扰资本市场，导致会计秩序、财经秩序混乱。

3.2 相关性

相关性要求企业提供的会计信息应当能够反映企业的财务状况、经营成果和现金流量，以满足会计信息使用者（财务会计报告使用者）的需要。《企业会计准则》规定："企业提供的会计信息应当与财务会计报告使用者的经济决策需要相关，有助于财务会计报告使用者对企业过去、现在或者未来的情况做出评价或者预测。"

相关的会计信息应当能够有助于会计信息使用者评价企业过去的决策，证实或者修正过去的有关预测，因而具有反馈价值。相关的会计信息还应当具有预测价值，有助于会计信息使用者根据财务会计报告提供的会计信息预测企业未来的财务状况、经营成果和现金流量。如果会计信息提供以后，没有满足会计信息使用者的需要，对会计信息使用者的决策没有什么作用，就不具有相关性。

3.3 可理解性

可理解性要求企业提供的会计信息应当清晰、明了，便于投资者等会计信息使用者的理解和使用。

企业编制财务会计报告、提供会计信息的目的在于使用，要让会计信息使用者有效使用会计信息，应当让其了解会计信息的内涵，弄懂会计信息的内容，这就要求企业提供的会计信息应当明了，易于理解。只有这样，才能提高会计信息的有用性，实现财务会计报告的目标，满足向投资者等会计信息使用者提供决策有用信息的要求。

3.4 可比性

可比性要求企业提供的会计信息应当口径一致、相互可比。这项要求主要包括两层含义。

1. 同一企业不同时期可比

同一企业不同时期发生的相同或者相似的交易或者事项，应当采用一致的会计政策，不得随意变更。但是，如果按照规定或者在会计政策变更后企业能够提供更可靠、关联性更强的会计信息，那么企业可以变更会计政策。有关会计政策变更的情况，应当在附注中予以说明。

2. 不同企业相同会计期间可比

不同企业同一会计期间发生的相同或者相似的交易或者事项，应当采用规定的会计政策，确保会计信息口径一致、相互可比，以保证不同企业按照一致的确认、计量和报告要求提供有关会计信息。

3.5　实质重于形式

实质重于形式要求企业应当按照交易或者事项的经济实质进行会计核算，而不应当仅仅以其法律形式作为会计核算的依据。

在实际工作中，交易或者事项的外在法律形式并不能完全反映其经济实质内容，在多数情况下企业发生的交易或者事项的经济实质与法律形式是一致的，但在有些情况下会出现不一致。例如，以融资租赁方式租入固定资产，虽然从法律形式来讲承租企业并不拥有其所有权，但是由于租赁合同期相当长，往往接近于该资产的使用寿命；租赁期结束时，承租企业有优先购买权；在租赁期内，承租企业有权支配资产并从中受益等。从交易或者事项的经济实质来看，承租企业能够控制以融资租赁方式租入的资产所创造的未来经济利益，在会计确认、计量和报告时应当将以融资租赁方式租入的资产视为企业的资产，在企业的资产负债表中进行反映。

3.6　重要性

重要性要求企业在会计核算过程中对交易或者事项应当区别其重要程度，采用不同的核算方法。对资产、负债、损益等有较大影响，进而影响会计信息使用者据以做出合理判断的重要会计事项，企业必须按照规定的会计方法和程序进行处理，并在财务会计报告中予以充分、准确地披露；对于次要的会计事项，在不影响会计信息真实性和不至于误导会计信息使用者做出正确判断的前提下，可适当简化处理。《企业会计准则》规定："企业提供的会计信息应当反映与企业财务状况、经营成果和现金流量等有关的所有重要交易或者事项。"

在评价某些项目的重要性时，很大程度上取决于会计人员的职业判断。一般来说，会计人员应当从性质和数量两个方面进行分析。从性质方面来说，当某个项目有可能对决策产生一定影响时，就属于重要项目；从数量方面来说，当某个项目的数量达到一定规模时，就可能对决策产生影响。

3.7 谨慎性

谨慎性要求企业在进行会计核算时，不得多计资产或收益、少计负债和费用。《企业会计准则》规定："企业对交易或者事项进行会计确认、计量和报告应当保持应有的谨慎，不应高估资产或者收益、低估负债或者费用。"

在市场经济环境下，企业的生产经营活动面临着许多风险和不确定性。会计信息质量的谨慎性要求企业在面临不确定性因素的情况下做出职业判断时，其应当保持应有的谨慎，充分预估各种风险和损失，既不高估资产或者收益，也不低估负债或者费用。例如，企业对出售商品可能发生的保修义务确认预计负债、对可能承担的环保责任确认预计负债等，企业定期对可能发生的各项资产损失计提资产减值准备，这些充分体现了会计信息质量的谨慎性要求。

3.8 及时性

及时性要求企业的会计核算应当及时进行，不得提前或延后。《企业会计准则》规定："企业对于已经发生的交易或者事项，应当及时进行会计确认、计量和报告，不得提前或延后。"

会计信息的价值在于帮助会计信息使用者做出经济决策，在会计核算过程中严格依照规定执行：一是及时搜尽会计信息，即在交易或事项发生后，及时收集整理各种原始单据或者凭证；二是及时处理会计信息，即按照会计准则规定，及时对交易或者事项进行确认或者计量，并编制财务会计报告；三是及时传递会计信息，即按照会计准则规定，在规定的时限内，及时将编制完成的财务会计报告提供给相关使用者。

如果企业的会计核算不能及时进行，会计信息不能及时提供，就无法为经济决策提供帮助，也就不符合及时性原则的要求了。

任务 4　会计核算方法

会计方法是指用以核算和监督会计对象，实现会计目标的方式、方法。会计方法是随着会计的职能、作用、任务的发展而发展的。现代会计方法通常包括会计核算方法、会计分析方法、会计检查方法、会计预测方法、会计决策方法等多种方法，其中会计核算方法是最基本、最主要的方法。

会计核算方法是对会计对象连续、系统、全面地记录、计算、反映和日常监督所运用的方法。会计对象具体内容的多样性、经营过程的连续性决定了会计核算必须运用一系列专门的方法。这些方法必须能够连续、系统、全面、综合地反映会计对象。换句话说，会计核算方法之间必须具有相互的内在联系，构成一个完整的方法体系。会计核算方法主要包括以下七种。

4.1　设置账户

设置账户是指对会计对象的具体内容进行归类反映和监督的一种专门方法。会计对象的内容是复杂多样的，如果要对其进行系统的核算和有效的监督，就必须进行科学的分类，以便取得各种不同性质的核算指标。因此，企业必须按照经济业务的内容和管理要求分别设置账户、进行分类登记，以取得经营管理所需要的各方面的核算资料，进而对经济活动进行控制和管理。

4.2　复式记账法

在账户中反映经济业务，必须使用一定的记账方法。复式记账法就是在会计工作的实践中产生的。

复式记账法是指以相等的金额同时在两个或两个以上的有关账户中记录每一项经济业务，从而完整反映资金运动的记账方法。任何一项经济业务都会引起资金的双重（多重）变化，为了全面反映每一项经济业务所引起的这种双重（多重）变化，就必须在两个或两个以上的账户中同时记录。采用复式记账法，通过账户的对应关系可以了解有关经济业务的来龙去脉，通过账户的平衡关系可以检查有关业务的记录是否正确。

4.3　填制和审核会计凭证

会计凭证是指记录经济业务、明确经济责任、作为记账依据的书面证明。填制和审核会计凭证，是为了审查经济业务是否合理、合法，保证账簿登记的会计记录正确、完整而采用的一种专门方法。对于任何一项经济业务，都要根据有关政策、法规和制度进行严格审核。只有经过审核无误的原始凭证，才能运用复式记账法将经济业务登记在记账凭证上，然后以此作为登记账簿的可靠依据，以保证会计资料的真实性。因此，填制和审核会计凭证是会计核算和会计监督必不可少的方法。

4.4 登记账簿

账簿是指用来全面、连续、系统地记录各项经济业务的簿籍，是保存会计资料的重要工具。登记账簿是对填制和审核无误的会计凭证，在账簿上连续、完整地记录和循序渐进地汇集、核算经济业务的一种专门方法。账簿的登记要以经过审核的凭证为依据，既要按照账户的内容分类反映经济业务，又要按照时间的先后反映经济业务，以求为经济管理工作提供系统、完整的数据。

4.5 成本计算

成本计算是指对产品生产过程中所发生的各项费用，按照《企业会计准则》的规定，进行审核、归集和分配，借以确定各个对象的总成本和单位成本的一种方法。这种方法主要在企业会计中应用。在企业生产经营过程中的每个阶段会发生各项费用，其中有些费用，如期间费用，可以直接在当期损益中体现；另外一些费用，如工业企业生产过程中所消耗的主要材料、辅助材料等，则需要按照一定的计算对象和标准进行归集，借以计算出总成本和单位成本。根据成本计算所提供的资料，可以了解各个阶段费用的支出情况，找到进一步挖掘潜力、降低成本、提高效益的途径。

4.6 财产清查

财产清查是指通过实物盘点、核对账目，查明财产物资和资金实有数额的一种专门方法。在会计工作中，运用一系列的专门方法，将各种财产物资的结存数额在账簿中进行反映，但是账面上反映的财产物资的结存数额是否与实际的结存数额完全相符，还需要采用财产清查的方法加以查对和核实。通过财产清查的方法可以了解账实相符的程度，可以查明材料物资储备是否能够保证生产经营的正常需要，有无超储积压和毁损等情况，以及各应收、应付款项的结存情况。因此，财产清查的方法成为会计核算方法体系的一个组成部分，对于改进财产物资管理、挖掘物资潜力、加速资金周转和保证会计核算资料的准确性具有重要作用。

4.7 编制会计报表

编制会计报表是指定期地以书面报告的形式总括地反映企业财务状况、经营成果的一种专门方法。编制会计报表是向企业所有者、债权人等利害关系各方综合报告其财务状况、经营成果的一种方法，也是强化企业内部管理、考核、分析计划或预算完成情况的重要手段。通过编制会计报表，把账簿中分散的资料集中起来并归纳整理，使之更加系统化且具有合理性，既全面又概括地反映出企业在一定时期经济活动的情况和结果。因此，编制会计报表作为会计核算方法体系的组成部分，是必不可少的。

【知识拓展】

现代会计发展的大趋势

一、从静态核算向动态核算与控制方面发展

随着现代企业管理从静态管理发展到动态管理，会计也逐渐转变为对企业的经济活动实行动态的核算与控制。会计所提供的以财务信息为主的经济信息从重对外的信息逐步演变为重对内的信息；由重过去的信息逐步演变为重未来的信息；由单纯提供信息逐步演变为能动地运用信息并参与决策。这样就使会计在过去、现在、未来三种时态上均能发挥作用。

二、微观的企业会计正向微观会计与宏观会计相结合的社会会计转化

社会会计以整个国家作为会计主体，其核算和监督（控制）的对象是整个国民经济活动。社会会计是企业会计、基层单位会计等微观会计的发展和延伸，是在传统会计的基础上，吸收兼容其他学科的理论方法，在更高层次上和更大范围内发挥重要作用的新型会计。社会会计对实施社会的宏观控制有一定的现实意义。

三、会计学向边缘科学和综合科学的方向发展

会计学正在利用系统论、信息论和控制论等横断科学的新成就来重新充实自己。会计学也和其他科学一样，普遍处于数学化的过程中，管理会计的出现和电子计算机的运用，加速了会计数学化的趋势。会计学就是这样在整个科学的紧密联系中向前发展的，它已经成为众多边缘科学和综合科学行列中的一颗璀璨的明珠。

四、从以货币为主的计量方式阶段向多种综合计量方式并存的阶段过渡

现代管理会计更加注重除货币以外的计量方式在会计工作中的运用。在管理会计的报告中，材料、数量与成本金额并列；职工的数量与人工成本并列；产品的销售量与销售收入并列。国外的很多大型企业在其年度财务会计报告中附有简短的社会责任履行和环境保护情况的说明。这些完全可以说是会计计量方式综合化改革的一个良好开端。

五、会计实务和会计原则不断趋于国际化、标准化

企业的组织形式得到了迅速发展，出现了许多国际性的跨国公司。这种情况的出现加速了会计实务和会计原则的国际化趋势。会计实务和会计原则的国际化是经济国际化时代的社会要求。

基础知识测评

一、单项选择题

1. 会计是以（　　）作为主要计量单位的。

A. 实物量　　B. 劳动量

C. 货币　　D. 以上任何一种都可以

2. 会计的基本职能是（　　）。

A. 核算与监督　　B. 预测与决策

C. 监督与分析　　D. 计划与控制

3. 衡量会计信息质量最基础的原则是（　　）。

A. 相关性　　B. 可比性

C. 可靠性　　D. 重要性

4. 可比性原则要求企业提供的会计信息应当（　　）。

A. 口径一致　　B. 横向可比

C. 监督与分析　　D. 明晰及时

5. 将融资租赁的固定资产视为企业自有资产，这一做法遵循了（　　）原则。

A. 可靠性　　B. 相关性

C. 重要性　　D. 实质重于形式

二、多项选择题

1. 会计核算方法包括（　　）。

A. 成本计算和财产清查　　B. 设置账户和复式记账法

C. 填制和审核会计凭证　　D. 试算平衡

2. 谨慎性要求会计人员在选择会计方法时（　　）。

A. 不高估资产或者收益　　B. 不低估负债或者费用

C. 高估资产和收益　　D. 低估负债和费用

3. 下列关于会计核算的基本前提的表述正确的有（　　）。

A. 会计核算的基本前提有相互依存、相互补充的关系

B. 没有会计主体，就不会有持续经营

C. 没有持续经营，就不会有会计分期

D. 没有货币计量，就不会有现代会计

4. 以权责发生制为核算基础，下列各项不属于本期收入和费用的有（　　）。

A. 本期支付上期的房租金　　B. 本期预收的货款

C. 本期预付的费用　　D. 本期售出商品但尚未收到货款

5. 下列各项中，属于企业会计目标的有（　　）。

A. 进行会计核算和会计监督

B．核算财产物资的收发、增减和使用

C．反映企业管理层受托责任的履行情况

D．向会计信息使用者提供决策有用的会计信息

三、判断题

1．会计的基本职能是对经济活动进行核算和监督。（　　）

2．会计主体必然是法律主体，法律主体不一定是会计主体。（　　）

3．企业的会计核算是以收付实现制为基础的。（　　）

4．及时性原则要求企业的会计核算只能提前不能延后。（　　）

5．会计伴随着生产和管理科学的发展而分化为财务会计和管理会计两个分支。这是现代会计的标志之一。（　　）

岗位能力测评

练习收付实现制与权责发生制。

资料如下。

（1）销售产品5 000元，货款存入银行。

（2）销售产品10 000元，货款尚未收到。

（3）支付7—12月租金3 000元。

（4）收到上月应收的销货款8 000元。

（5）收到购货单位预付的货款4 000元，下月交货。

（6）本月应付水电费400元，下月支付。

要求：根据以上经济业务内容按照收付实现制和权责发生制，计算本月（7月）的收入和费用（请填写下表）。

业务号	收付实现制		权责发生制	
	收入	费用	收入	费用
1				
2				
3				
4				
5				
6				

项目 2
会计核算基础知识

岗位要求

知识目标

1. 理解会计对象、会计科目、会计账户及复式记账法。
2. 了解会计科目与会计账户的关系。

能力目标

掌握会计要素、会计等式、借贷记账法及其应用。

案例导入

小王和小刘跟随某大型企业资深会计老刘进行毕业实习。老刘带着他俩熟悉了企业的生产流程和财务情况后，去选购了账簿和凭证等相关资料，准备开始建账。老刘说，会计核算要熟悉相关会计科目并能根据会计科目在账簿中开设相应的会计账户，在设置账户之前，一定要了解会计核算所遵循的是《企业会计准则》还是《小企业会计准则》。根据该企业所属的行业及规模，确定适用《企业会计准则》，老刘要求两名实习学生严格按照规定选用会计科目并开设账户，并要求他们复习借贷记账法的相关知识，在记账时加以运用。

问题：

（1）为什么在开设会计账户前一定要了解企业适用哪种会计准则？适用标准是什么？

（2）根据《企业会计准则》的规定，常用的会计科目有哪些？其与会计账户的关系是怎样的？

（3）借贷记账法中的记账符号代表什么含义？

任务 1　明确会计对象

1.1　会计对象的含义

会计对象是指会计所核算和监督的内容，即会计工作的客体。由于会计需要以货币为主要计量单位，对一定会计主体的经济活动进行核算和监督，因而会计并不能核算和监督社会再生产过程中的所有经济活动，即凡是特定主体能够以货币表现的经济活动，都是会计核算和监督的内容，也就是会计的对象。以货币表现的经济活动通常又称为价值运动或资金运动。由于会计主体的组织形式和经济活动的内容不同，因此不同会计主体的会计对象均有不同的特点。

对于会计的一般对象，我国会计界有不同的认识，比较有代表性的观点主要有以下几种。

（1）会计的一般对象是再生产过程中的资金运动。再生产过程是由生产、分配、交换和消费四个相互关联的环节所构成的，它包括多种多样的经济活动。在社会主义市场经济条件下，生产资料、劳动产品及生产过程中的劳动耗费，都必须以价值形式来反映，所以再生产过程中以价值形式表现的经济活动，就是会计所反映和监督的内容。而再生产过程中以价值形式表现的经济活动，可以抽象为资金运动，所以一般认为再生产过程中的资金运动是会计的一般对象。

（2）会计的一般对象是企业和行政、事业等单位在社会主义再生产过程中可以用货币表现的经济活动，即能够通过货币计价，并利用资金、费用、成本、收入、利润等价值形式综合表现的，有关产品的生产、交换、分配和消费等方面的经济活动和财务收支活动及其所体现的各方面的经济关系。

（3）会计的一般对象是物质资料扩大再生产过程中可以用货币估价的财产及其变动。在社会主义市场经济条件下，会计是用来反映和监督扩大再生产过程的。根据会计用货币形式连续、系统地对经济过程进行观察、计量、登记、综合的特点，它不能反映扩大再生产的劳动力再生产和生产关系再生产的各个方面，只能反映物质资料的扩大再生产过程。但再生产过程是无体的东西，它只能通过所反映的财产才能表现出来。要对财产加以核算并加以总括反映，必须有一个共同的量度，在现阶段这个共同的量度就是货币。因此，会计的一般对象是物质资料扩大再生产过程中可以用货币估价的财产及其变动。

1.2 会计对象的表现形态

会计对象的抽象描述是指能用货币表现的经济活动，即价值运动或资金运动。资金是指能用货币表现的财产物资，它不是静止不变的，而是通过自身不断的运动而变化的。

为了更好地理解会计对象，接下来我们结合不同行业的特点，具体说明资金运动的方式（会计对象的表现形态）。

1.2.1 工业企业

工业企业的会计对象是在企业再生产过程中能以货币形式表现的经济活动，也就是企业再生产过程中的资金运动。工业企业进行生产经营活动，首先要用货币资金去购买生产设备和材料物资为生产过程做准备，然后将其投入企业生产过程中生产出产品，最后还要将所生产出来的产品对外出售并收回因出售产品而取得的货币资金。这样，工业企业的资金陆续经过供应过程、生产过程和销售过程，其形态也随之发生变化。当用货币购买生产设备、材料物资时，货币资金转化为固定资金、储备资金；当车间生产产品领用材料物资时，储备资金又转化为生产资金；将车间加工完毕的产品验收入库后，此时，生产资金又转化为成品资金；将产品出售又收回货币资金时，成品资金又转化为新的货币资金。整个周转过程表现为：货币资金→储备资金→生产资金→成品资金→新的货币资金。资金的这一运动过程叫作资金循环，周而复始的资金循环叫作资金周转。

上述资金循环和资金周转过程，也可以划分为三个具体阶段，即供应阶段、生产阶段和销售阶段。工业企业的资金在供应、生产、销售三个阶段不断地循环和周转，在空间序列上并存，在时间序列上依次继起。企业资金在供应、生产和销售三个阶段中的循环和周转，支撑着企业的正常运营。

就整个企业的资金运动而言，资金的循环和周转还应该包括资金的投入和资金的退出。资金的投入是指资金进入企业。企业进行生产经营活动的前提是必须拥有一定数量的资金，投入包括投资者的资金投入和债权人的资金投入。前者构成了企业的所有者权益；后者形成了企业的债权人权益，即企业的负债。投入企业的资金一部分形成流动资产，另一部分形成企业的固定资产等非流动资产。资金的退出是指资金退出企业的资金循环和周转，它包括按法定程序返回投资者的投资、偿还各项债务、缴纳税款、向所有者分配利润等内容，此时一部分资金离开企业，游离于企业资金运动之外。工业企业资金运动如图 2-1 所示。

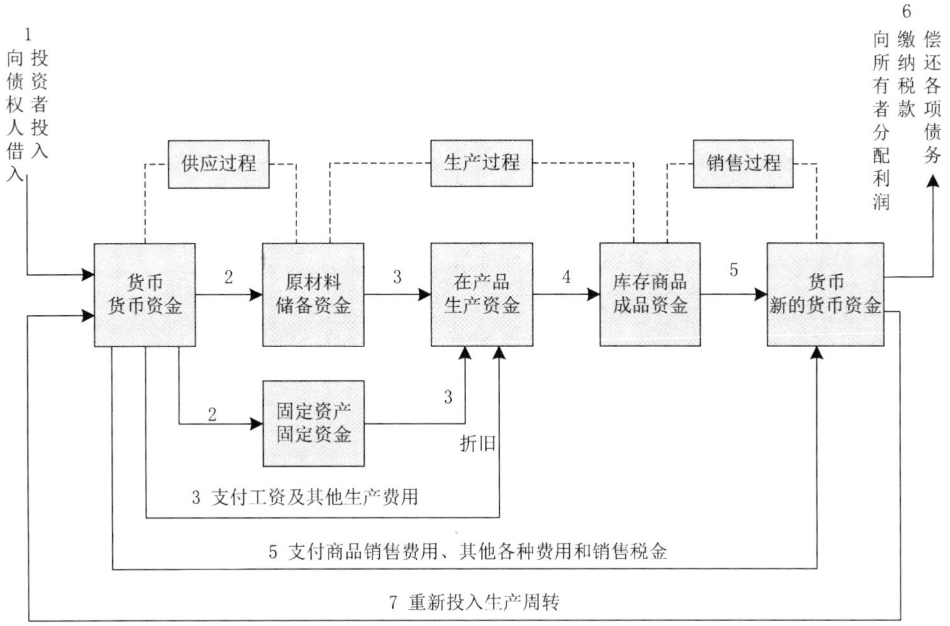

图 2-1　工业企业资金运动

资金的投入、循环和周转、退出是资金运动的三个阶段，三者相互支撑，构成一个统一体。没有资金的投入，就没有资金的循环和周转；没有资金的循环和周转，就没有资金的退出。

综上所述，工业企业因资金的投入、循环和周转、退出等经济活动而引起的各项财产和资源的增减变化情况，以及企业销售收入的取得和企业纯收入的实现、分配情况，构成了工业企业会计的具体对象。

1.2.2　商品流通企业

与工业企业相比，商品流通企业的经营活动缺少产品生产环节。商品流通企业的经营过程主要分为商品购进和商品销售两个环节。在前一个环节中，主要是采购商品，此时货币资金转换为商品资金；在后一个环节中，主要是销售商品，此时资金又由商品资金转换为货币资金。在商品流通企业的经营过程中，也要消耗一定的人力、物力和财力，它们表现为商品流通费用。在销售过程中，也会获得销售收入和实现经营成果。因此，商品流通的资金是按照“货币资金→商品资金→货币资金”的方式运动的。

1.2.3　行政、事业单位

行政、事业单位为完成国家赋予的任务，同样需要一定数额的资金，但其资金主要来源于国家财政拨款。行政、事业单位在正常业务活动过程中，消耗的人力、物力和财力的货币表现，就是行政费用和业务费用。一般来说，行政、事业单位没有或只有很少一部分业务收入，因为费用开支主要依靠国家财政预算拨款。因此，行政、事业单位的经济活动一方面按预算从国家财政取得拨入资金，另一方面又按预算以货币资金支付各项费用。资金运动的形式是资金拨入→资金付出。由此可见，行政、事业单位会计对象的内容就是预算资金及其收支。

综上所述，不论是工业企业、商品流通企业，还是行政、事业单位，都是社会再生产过程中的基层单位，会计反映和监督的对象都是资金及其运动过程，正因如此，我们可以把会计对象概括为社会再生产过程中的资金运动。

1.3 会计对象的目的

研究会计对象的目的，是要明确会计在经济管理中的活动范围，从而确定会计的任务，建立和发展会计的方法体系。

任务 2 会计要素

会计对象简而言之就是资金运动，但如果对资金运动的反映和控制仅仅停留在笼统的概念上，那么是无法对纷繁复杂的资金运动过程做出具体而准确的确认、计量、记录和报告的。为了分门别类地反映和监督各项经济业务，需要使用一些特定的概念将会计对象加以分类，以便确认、计量、记录和报告全部经济业务。这需要在会计对象概念的基础上引入一个新的概念——会计要素。

会计要素是对会计事项进行归类的结果。会计事项是指引起资金运动的，需要由会计加以计算、记录的一切经济业务。这些会计事项的发生千变万化、千头万绪，因此必须对会计事项所引起的变化项目加以归类记录，这样才能提供用户需要的系统、科学的财务信息。我国《企业会计准则》规定："企业的会计要素包括资产、负债、所有者权益、收入、费用和利润。"

2.1 静态会计要素

静态会计要素是指用以反映企业某一特定日期财务状况的会计要素。静态会计要素是构成资产负债表的要素，具体包括资产、负债和所有者权益。

2.1.1　资产

1. 资产的定义

资产是指由企业过去的交易或者事项形成的、由企业拥有或者控制的、预期会给企业带来经济利益的资源。根据资产的定义可知，资产具有以下三个方面的特征。

（1）资产是由企业过去的交易或者事项形成的。过去的交易或者事项包括购买、生产、建造行为，以及其他交易或者事项。换句话说，只有过去的交易或者事项才能产生资产，企业预期在未来发生的交易或者事项不形成资产。例如，企业有购买某项存货的意愿或者计划，但购买行为尚未发生，就不符合资产的定义，不能因此确认存货资产。

（2）资产是由企业拥有或者控制的。资产作为一项资源，应当由企业拥有或者控制，具体是指企业享有某项资源的所有权，或者虽然不享有某项资源的所有权，但该资源能够被企业控制。企业享有资产的所有权，通常表明企业能够排他性地从资产中获取经济利益。通常在判断资产是否存在时，所有权是考虑的首要因素。在有些情况下，资产虽然不为企业所有，即企业并不享有其所有权，但企业实际控制了这些资产，具有排他性，同样表明企业能够从资产中获取经济利益，符合会计学中对资产的定义。如果企业既不能拥有也不能控制资产所带来的经济利益，就不能将其作为企业的资产予以确认。

（3）资产预期会给企业带来经济利益。资产预期会给企业带来经济利益，是指资产直接或者间接导致现金或现金等价物流入企业的潜力。这种潜力可能来自企业日常的生产经营活动，也可能来自非日常活动；带来的经济利益可以是现金或现金等价物，或者是可以转化为现金或现金等价物的形式，或者是可以减少现金或现金等价物流出的形式。

资产预期能否会为企业带来经济利益是资产的重要特征。例如，企业采购的原材料、购置的固定资产等可以用于生产经营过程，制造商品或者提供劳务，对外出售后收回货款，货款即企业所获得的经济利益。如果某个项目预期不能为企业带来经济利益，那么不能将其确认为企业的资产。前期已经确认为企业资产的项目，如果不能再为企业带来经济利益，也不能再确认为企业的资产，那么应将其剔除。

2. 资产的确认条件

符合资产定义的资源在同时满足以下条件时，可确认为资产：①与该资源有关的经济利益很可能流入企业；②该资源的成本或者价值能够进行可靠的计量。在满足资产定义的同时又满足以上两个确认条件时，该资源就可以确认为资产，在资产负债表内列示。

3. 资产的分类

企业的资产形态多样，在生产经营活动中的特点也各不相同。资产按照其流动性，可分为流动资产和非流动资产，如图 2-2 所示。

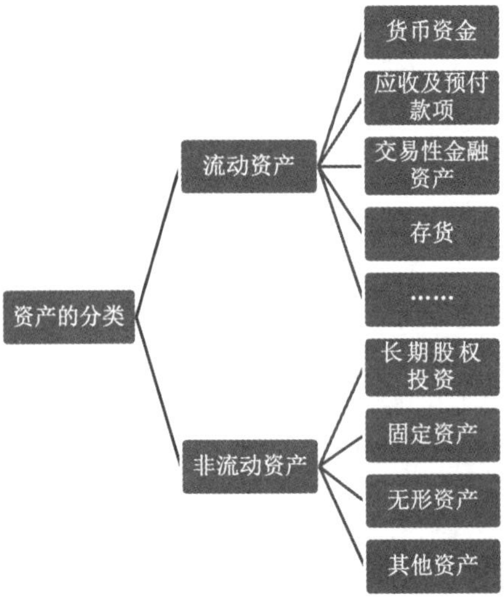

图 2-2 资产的分类

（1）流动资产。流动资产是指可以在一年内或者超过一年的一个营业周期内变现或者耗用的资产。流动资产主要包括货币资金、应收及预付款项、交易性金融资产、存货等。

货币资金是指以货币形态存在的资产，包括库存现金、银行存款、其他货币资金。其他货币资金包括外埠存款、银行本票存款、银行汇票存款、信用证存款等。

应收及预付款项是指企业在日常生产经营过程中发生的各项债权，包括应收账款、应收票据、其他应收款和预付账款等。

交易性金融资产是指能够随时变现并且持有时间不准备超过一年（含一年）的投资，包括股票投资、债权投资、基金投资等。

存货是指企业在日常活动中持有以备出售的产成品或商品、处在生产过程中的在产品、在生产过程或提供劳务过程中耗用的材料或物料。

（2）非流动资产。非流动资产是指可以在一年以上（不含一年）或者超过一年的一个营业周期以上变现或者耗用的资产。非流动资产主要包括长期股权投资、固定资产、无形资产和其他资产。

长期股权投资是指持有时间准备超过一年（不含一年）的各种股权性质的投资、不能变现或不准备随时变现的债券、其他债权投资、基金投资和其他长期投资等。

固定资产是指企业为生产商品、提供劳务、出租或经营管理而持有的，使用寿命超过一个会计年度的有形资产。固定资产包括房屋、建筑物、机器、机械、运输工具及其他与生产经营有关的设备、工具、器具等。

无形资产是指企业拥有或者控制的没有实物形态的可辨认非货币性资产，包括专利权、非专利技术、商标权、著作权、土地使用权、特许权等。

其他资产是指除上述资产以外的其他资产。例如，长期待摊费用是指企业已经支出，但摊销期限在一年以上（不含一年）的各项费用；固定资产大修理支出、租入固定资产改良支出等。

2.1.2 负债

1. 负债的定义

负债是指由企业过去的交易或事项形成的，预期会导致经济利益流出企业的现时义务。根据负债的定义可知，其具有以下三个方面的特征。

（1）负债是企业承担的现时义务。现时义务是指企业在现行条件下已承担的义务。未来发生的交易或事项形成的义务，不属于现时义务，不应当归为负债的范畴。

（2）履行现时义务必然导致经济利益的流出。负债通常是在未来某一时日通过交付资产（包括现金和其他资产）或提供劳务来清偿的。有时，企业可以通过承诺新的负债或转化为所有者权益的方式来清偿一项现有负债。前一种情况只是负债的展期，后一种情况则相当于用增加所有者权益的方式来清偿债务，最终将导致经济利益流出企业。

（3）负债是由过去的交易或事项形成的，导致负债的交易或事项必须已经发生。例如，购置货物或使用劳务而发生的应付账款（已经预付或在交货时支付的款项除外），接受银行贷款则会产生偿还贷款的行为。只有源于已经发生的交易或事项，会计上才有可能确认为负债。正在筹划的未来交易或事项，如企业的业务计划，则不会产生负债。

2. 负债的确认条件

一项现时义务符合负债的定义，还需要同时满足以下条件，才能确认为负债：①与该义务有关的经济利益很可能流出企业；②未来流出的经济利益的金额能够进行可靠计量。符合负债的定义和负债确认条件的项目，应当列入资产负债表；符合负债的定义但不符合负债确认条件的项目，不应当列入资产负债表。

3. 负债的分类

为了便于分析企业的财务状况和偿债能力，企业的负债应当按其流动性，划分为流动负债和非流动负债，如图 2-3 所示。

（1）流动负债。流动负债是指在一年内或超过一年的一个营业周期内偿还的债务，包括短期借款、应付账款、应付票据、应付职工薪酬、应交税费等。

短期借款是指企业根据生产经营的需要，从银行或其他金融机构借入的偿还期在一年以内的各种借款。短期借款主要包括生产周转借款、临时借款等。

应付账款是指企业因购买材料、商品和接受劳务供应等经营活动应支付的款项。

应付票据是指由出票人出票，并由承兑人允诺在一定时期内支付一定款项的书面证明。

应付职工薪酬是指企业根据有关规定应支付给职工的各种薪酬，包括工资、奖金、津贴等。

应交税费是指企业必须按照国家规定履行纳税义务，对其经营所得依法交纳的各种税费。

（2）非流动负债。非流动负债是指偿还期限在一年以上（不含一年）或超过一年的一个营业周期以上的债务，包括长期借款、应付债券等。

长期借款是指企业从银行或其他金融机构借入的期限在一年以上（不含一年）的借款。

应付债券是指企业为筹集资金而对外发行的期限在一年以上的长期借款性质的书面证明，约定在一定期限内还本付息的一种书面承诺。

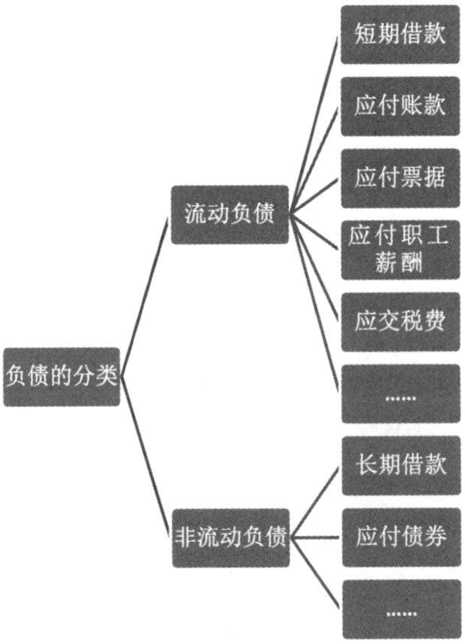

图 2-3　负债的分类

2.1.3　所有者权益

1. 所有者权益的定义

所有者权益是指将企业资产扣除负债后，由所有者享有的剩余权益。公司的所有者权益又称为股东权益。所有者权益是所有者对企业资产的剩余索取权，它是企业的资产扣除债权人权益后应由所有者享有的部分。所有者权益既可反映所有者投入资本的保值增值情况，又体现了保护债权人权益的理念。根据所有者权益的定义可知，其具有以下三个方面的特征。

（1）除非发生减资、清算或者分派现金股利等情形，否则企业不需要偿还所有者权益。

（2）企业在进行清算时，只有清偿了所有的负债后，才能将所有者权益返还给所有者。

（3）所有者凭借所有者权益能够参与企业利润的分配。

2. 所有者权益的确认条件

所有者权益的确认和计量不能单独进行，主要取决于资产、负债、收入、费用等其他会计要素的确认和计量。所有者权益在数量上等于企业资产总额扣除债权人权益后的净额，即企业的净资产，其反映了所有者（股东）在企业资产中享有的经济利益。

所有者权益反映的是企业所有者对企业资产的剩余索取权，负债反映的是企业债权人对企业资产的索取权，两者在性质上有本质区别，因此企业在会计确认、计量和报告中应当严格区分所有者权益和负债，以如实反映企业的财务状况，尤其是企业的偿债能力和产权比率等。在会计实务中，企业某些交易或者事项可能同时具有所有者权益和负债的特征，在这种情况下，企业应当将属于所有者权益和负债的部分分开核算和列报。例如，企业发行的可转换公司债券，企业应当将其中的权益性工具部分和负债部分进行拆分，分别确认所有者权益和负债。

3. 所有者权益的来源

所有者权益的来源包括所有者投入的资本、其他综合收益、留存收益等，通常由股本（或实收资本）、资本公积（含股本溢价或资本溢价、其他资本公积）、其他综合收益、盈余公积和未分配利润等构成。

（1）所有者投入的资本是指所有者投入企业的资本部分，它既包括构成企业注册资本或者股本的金额，也包括投入资本超过注册资本或者股本部分的金额，即股本溢价或资本溢价，这部分投入资本以资本公积的形式来体现。

（2）其他综合收益是指企业根据会计准则的规定未在当期损益中确认的各项利得和损失。

（3）留存收益是指企业从历年实现的利润中提取或形成的留存于企业的内部积累，包括盈余公积和未分配利润。

盈余公积是指按照国家规定和程序从税后利润中提取的公积金。一般企业和股份有限公司的盈余公积包括法定盈余公积、任意盈余公积和法定公益金。

未分配利润是指企业将历年利润分配（或亏损弥补）后，累积结存到本期期末尚未分配的或待下一年度分配的利润。

2.2 动态会计要素

动态会计要素是体现企业在一定期间的经营过程中产生的经营成果的会计要素，它是构成利润表的要素，具体包括收入、费用和利润。

2.2.1 收入

1. 收入的特征

收入是指企业在日常活动中形成的，会实现所有者权益增加的、与所有者投入资本无关的经济利益的总流入。根据收入的定义可知，其具有以下三个方面的特征。

（1）收入是在日常活动中形成的，而不是在偶然的交易或事项中形成的。日常活动是指企业为完成其经营目标所开展的所有活动，以及与之相关的其他活动。例如，工业企业制造并销售产品、商业企业销售商品、保险公司签发保单、咨询公司提供咨询服务、软件公司为客户开发软件、安装公司提供安装服务、商业银行对外贷款、租赁公司出租资产等，均属于企业的日常活动，而处置企业的固定资产则属于非日常活动。明确界定日常活动是为了将收入和利得相区分，因为企业非日常活动所形成的经济利益的流入不能被确认为收入，而应当被计入利得。

（2）收入能实现企业所有者权益的增加。与收入相关的经济利益的流入应当会使所有者权益增加，不会使所有者权益增加的经济利益的流入不符合收入的定义，不应当被确认为收入。收入能增加资产或减少负债，或者两者兼而有之。因此，企业取得收入一定能增加所有者权益。但收入扣除相关成本费用后的净额，则可能增加所有者权益，也可能减少所有者权益。这里仅指收入本身实现的所有者权益的增加，而不是指收入扣除相关成本费用后的净额对所有者权益的影响。

（3）收入是与所有者投入资本无关的经济利益的总流入。收入应当会实现经济利益的流入，从而实现企业资产的增加。例如，企业销售商品，应当收到现金或者有权在未来收到现金，这才表明该交易符合收入的定义。但是在会计实务中，经济利益的流入有时是所有者投入资本的增加而引起的，所有者投入资本的增加不应当确认为收入，应当将其确认为所有者权益。

（4）收入只包括本企业经济利益的流入，不包括为第三方或客户代收的款项，如企业代国家收取的增值税、商业银行代委托贷款企业收取的利息、旅行社代客户购买门票或飞机票而收取的票款等。

2. 收入的确认条件

企业应当在履行了合同中的相关义务，即在客户取得相关商品控制权时，才能确认收入。也就是说，企业若想确认收入，其与客户之间的合同应同时满足下列条件。

（1）合同各方已批准该合同并承诺将履行各自的义务。

（2）该合同明确了合同各方与所转让商品或提供劳务（以下简称“转让商品”）相关的权利和义务。

（3）该合同有明确的与所转让商品相关的支付条款。

（4）该合同具有商业实质，即履行该合同将改变企业未来现金流量的风险、时间分布或金额。

（5）企业因向客户转让商品而有权取得的对价很可能收回。

3. 收入的构成

收入按经营业务的主次分为主营业务收入和其他业务收入。

（1）主营业务收入是指企业开展主营业务活动所取得的收入，如工业企业因销售产品所取得的收入。

（2）其他业务收入是指企业开展主营业务活动以外的其他业务活动所取得的收入，如工业企业因销售材料、转让技术、出租固定资产等业务活动所取得的收入。

2.2.2 费用

1. 费用的特征

费用是指企业在日常活动中产生的、会导致所有者权益减少的、与向投资者分配利润无关的经济利益的总流出。根据费用的定义可知，其具有以下三个方面的特征。

（1）费用是企业在日常活动中发生的经济利益的流出，而不是在偶然的交易或事项中发生的经济利益的流出，这对日常活动的界定与收入定义中涉及的日常活动的界定相一致。在日常活动中所产生的费用通常包括营业成本（销售成本）、职工薪酬、折旧费、无形资产摊销费等。有些交易或事项虽然也能使企业发生经济利益的流出，但由于不属于企业的日常活动，所以其不属于费用，如出售固定资产发生的净损失。将费用定义为在日常活动中发生的经济利益的流出，目的是将其与损失相区分，企业非日常活动中所发生的经济利益的流出不能被确认为费用，应当将其计入损失。

（2）费用最终会减少企业的资源。费用发生的形式多种多样：可能表现为资产的减少，如用现金支付管理人员的薪酬；可能表现为负债的增加，如企业承担长期借款的利息；可能两者兼而有之，如购买原材料支付部分现金，同时承担部分债务。但不管形式如何，最终的结果是企业的资源减少。这种减少具体表现为企业资金的支出，从这个意义上来说，费用本质上是企业资产的流出。它与资产流入企业所形成的收入相反。

（3）费用最终减少企业的所有者权益。通常，企业的资金流入会增加企业的所有者权益，资金流出会减少企业的所有者权益，形成企业的费用。但是，企业在经营过程中，有的支出不应当归入费用。例如，企业以银行存款偿还一项债务，只是一项资产和一项负债的等额减少，对所有者权益没有影响，因此不属于费用。

2. 费用的确认条件

（1）经济利益的流出可以导致企业资产的减少或者负债的增加。

（2）经济利益的流出额能够进行可靠计量。

3. 费用的构成

费用一般由企业在日常活动中发生的营业成本（销售成本）、营业税金、期间费用构成。

（1）营业成本是指企业从事各项营业活动而发生的支出，包括主营业务成本和其他业务成本。

（2）营业税金是指企业在经营活动过程中应交纳的各种税费，如消费税、城市建设维护税和教育费附加等。

（3）期间费用是指不计入生产成本，而在发生的会计期间直接计入当期损益的费用，包括销售费用、管理费用和财务费用。

2.2.3 利润

1. 利润的定义

利润是指企业在一定会计期间的经营成果。在通常情况下，企业实现了利润，表明企业的所有者权益将增加；反之，企业发生了亏损，表明企业的所有者权益将减少。

利润包括收入减去费用后的净额、直接计入当期利润的利得和损失。其中，收入减去费用后的净额反映的是企业日常活动的业绩，直接计入当期利润的利得和损失反映的是企业非日常活动的业绩。直接计入当期利润的利得和损失，是指应当计入当期损益、最终引起所有者权益发生增减变动的、与所有者投入资本或者向所有者分配利润无关的利得和损失。其中，利得是指由企业非日常活动所形成的、会实现所有者权益增加的、与所有者投入资本无关的经济利益的流入；损失是指由企业非日常活动所形成的、会导致所有者权益减少的、与向所有者分配利润无关的经济利益的流出。

2. 利润的确认条件

利润反映的是收入减去费用、利得减去损失后净额的概念。因此，利润的确认主要依赖于收入和费用，以及利得和损失的确认，其金额的确定也主要取决于收入、费用、利得和损失金额的计量。

3. 利润的层次

利润可划分为三个层次，即营业利润、利润总额和净利润。

（1）营业利润是指企业在销售商品、提供劳务等日常活动中所产生的利润，是企业利润的主要来源。

（2）利润总额是指企业在一定时期内通过生产经营活动所实现的最终财务成果，即企业在一定会计期间的利润总和。

（3）净利润是指企业当期利润总额减去所得税后的金额，即企业的税后利润。所得税是指企业将实现的利润总额按照企业所得税法规定的标准向国家交纳的税金。净利润的多寡取决于两个因素：一是利润总额，二是所得税费用。

任务 3　建立会计等式

会计等式，也称会计恒等式或会计平衡式，是指反映会计要素之间内在平衡关系的数学表达式。

3.1　会计等式的表现形式

3.1.1　反映财务状况的等式：资产=负债+所有者权益

企业要进行经济活动，必须有一定数量和质量的、能给企业带来经济效益的经济资源，即资产。企业的资产最初来源于两个方面：一是企业向债权人借入；二是企业所有者投入。债权人和所有者将其拥有的资产提供给企业使用，就相应地对企业的资产享有一种要求权。前者称为债权人权益，即负债；后者称为所有者权益。资产表明企业拥有哪些经济资源和拥有多少经济资源，负债和所有者权益表明经济资源的来源渠道，即谁提供了这些经济资源。因此，资产、负债和所有者权益三者之间在数量上是恒等关系，用公式表示为：资产=负债+所有者权益。

这一等式是最基本的会计等式，它反映了企业在某一特定时间点资产、负债和所有者权益三者之间的平衡关系，因此该等式又称为财务状况等式、基本会计等式或静态会计等式。该等式是复式记账法的理论基础，也是编制资产负债表的依据。

【例 2-1】根据 B 公司 20××年 1 月 31 日的财务资料（见表 2-1），对资产、负债和所有者权益进行分类，并检验其恒等性。

表 2-1　B 公司 20××年 1 月 31 日的财务资料

单位：元

摘　要	项　目		
	资　产	负　债	所有者权益
1. 企业拥有的实收资本			14 000
2. 企业接受的捐赠			20 500
3. 企业提留的盈余公积			37 500
4. 企业库存的材料	18 400		
5. 企业购入的专利权	2 500		
6. 企业的库存现金	4 100		
7. 企业向银行借入的短期借款		21 000	
8. 企业在银行的存款	42 000		
9. 应向外单位收取的货款	1 900		
10. 企业的产成品	6 000		
11. 企业的汽车	25 000		
12. 企业的长期借款		7 500	
13. 因销货收到的商业汇票	1 200		
14. 应付给外单位的材料款		1 650	
15. 企业采购材料开出的商业汇票		950	
16. 企业在外单位的长期投资	2 000		

根据上述资料将同一项目合并，填列在资产负债表（简表）中，如表 2-2 所示。

表 2-2　资产负债表（简表）

单位：元

资　产		负债及所有者权益	
项　目	金　额	项　目	金　额
库存现金	4 100	短期借款	21 000
银行存款	42 000	应付票据	950
应收账款	1 900	应付账款	1 650
应收票据	1 200	长期借款	7 500
库存商品	6 000	实收资本	14 000
原材料	18 400	资本公积	20 500
长期投资	2 000	盈余公积	37 500
固定资产	25 000		
无形资产	2 500		
合计	103 100	合计	103 100

3.1.2　反映经营成果的等式：利润=收入−费用

企业进行生产经营活动的目的是获取收入、实现盈利。企业在取得收入的同时，必然要发生相应的费用。通过收入与费用的比较，才能确定在一定期间的盈利水平，进而确定实现的利润总额。在一个会计期间，企业一方面取得各类收入，另一方面也必然发生各种费用。广义而言，企业在一定期间所获得的各类收入扣除所发生的各项费用后的余额，即表现为利润。收入、费用和利润三者之间的关系用公式表示为：利润=收入−费用。

上述等式表示的是企业生产经营活动所引起的资金运动过程，反映了企业利润的实现过程，因此被称为经营成果等式或动态会计等式。收入、费用和利润之间的上述关系，是编制利润表的依据。

结合收入、费用和利润的增减变动情况，观察其对会计等式的影响。在取得收入、发生费用的同时，会有以下会计要素变动的情况。

（1）取得收入会表现为资产的增加、负债的减少，或者两者兼而有之，最终实现所有者权益的增加。

（2）发生费用会表现为资产的减少、负债的增加，或者两者兼而有之，最终导致所有者权益的减少。

（3）在会计期末，收入减去费用计算出的利润按规定程序进行分配后，其留归企业部分（如盈余公积）和未分配利润仍为所有者权益的增加（或减少），变化后的会计等式仍保持平衡。

将上述变化用等式表示，则有下列扩展的会计等式：

资产=负债+所有者权益+利润

资产=负债+所有者权益+（收入−费用）

资产+费用=负债+所有者权益+收入

在会计期末，利润归入所有者权益之后，等式又恢复为：

资产=负债+所有者权益

3.2　经济业务及其对会计等式的影响

企业在经营过程中，不断发生各种经济业务，如购买材料、支付工资、销售产品、交纳税金等。这些业务在会计领域被称为“会计事项”，其对有关会计要素将产生影响。但是，无论发生什么经济业务，都不会破坏资产、负债和所有者权益各会计要素之间的平衡关系。

3.2.1 经济业务的基本类型

经济业务发生后，引起各项资产、负债和所有者权益的增减变动，主要有四种类型，如图 2-4 所示。

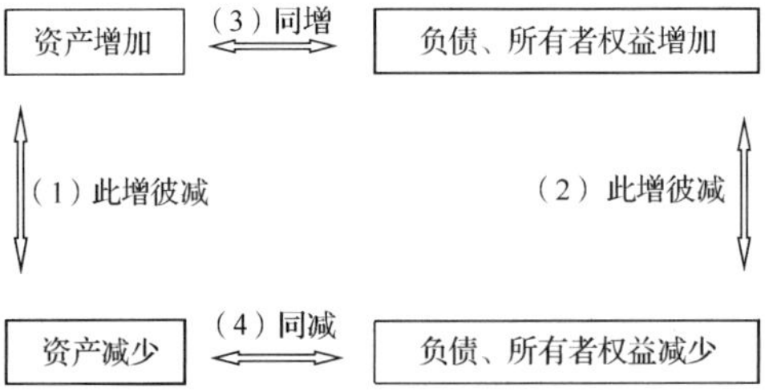

图 2-4　会计要素增减图

（1）经济业务的发生，引起资产项目之间此增彼减，增减金额相等。

（2）经济业务的发生，引起负债和所有者权益项目之间此增彼减，增减金额相等。

（3）经济业务的发生，引起资产项目和负债与所有者权益项目同时增加，双方增加的金额相等。

（4）经济业务的发生，引起资产项目和负债与所有者权益项目同时减少，双方减少的金额相等。

3.2.2 经济业务的类型影响会计等式的规律

每项经济业务发生后，至少要影响会计等式中的两个会计要素（或一个要素中的两个项目）发生增减变化。将上述四种类型业务具体化，可表现出影响会计等式的以下九种情况。

（1）资产项目之间一增一减，增减金额相等，保持平衡。

（2）负债项目之间一增一减，增减金额相等，保持平衡。

（3）所有者权益项目之间一增一减，增减金额相等，保持平衡。

（4）负债项目增加、所有者权益项目减少，增减金额相等，保持平衡。

（5）负债项目减少、所有者权益项目增加，增减金额相等，保持平衡。

（6）资产项目增加、负债项目增加，增加的金额相等，保持平衡。

（7）资产项目增加、所有者权益项目增加，增加的金额相等，保持平衡。

（8）资产项目减少、负债项目减少，减少的金额相等，保持平衡。

（9）资产项目减少、所有者权益项目减少，减少的金额相等，保持平衡。

3.2.3 经济业务的类型影响会计等式平衡关系的分析

（1）经济业务的发生只影响会计等式同一方，要素发生有增有减的变化，增减金额相等，双方总额不变，等式保持平衡。

（2）经济业务的发生影响会计等式双方，要素发生同增或同减的变化，同增或同减的金额相等，双方总额或增或减，等式保持平衡。

【例 2-2】下面以 A 公司 20××年度的业务为例说明会计等式的恒等性。

表 2-3 列示了 A 公司 20××年 10 月 31 日资产、负债和所有者权益的情况，即资产总额（600 000 元）=负债总额（200 000 元）+所有者权益总额（400 000 元）。

表 2-3 资产负债表（简表）

编制单位：A 公司　　　　20××年 10 月 31 日　　　　单位：元

资　产	余　额	负债和所有者权益	余　额
流动资产：		负债：	
库存现金	20 000	短期借款	50 000
银行存款	200 000	长期借款	150 000
存货	80 000		
非流动资产：		所有者权益：	
房屋	180 000	实收资本	400 000
机器设备	120 000		
合计	600 000	合计	600 000

该公司 11 月发生下列经济业务。

①该公司从银行存款中提取现金 20 000 元备用。

该项业务的发生，使企业的资产项目“库存现金”增加了 20 000 元，“银行存款”减少了 20 000 元。这项经济业务表明资产形态的转化不会引起资产总额的变动，更不会涉及负债和所有者权益项目。资产项目之间此增彼减，增减金额相等。因此，资产与负债和所有者权益的总额仍保持平衡关系。

②该公司购买原材料 30 000 元，货款未付。

该项业务的发生，使企业的资产项目“存货”（原材料）增加了 30 000 元，负债项目“应付账款”增加了 30 000 元。这是资产和负债同时增加，增加的金额相等。因此，资产与负债和所有者权益的总额仍保持平衡关系。

③该公司以银行存款偿还短期借款 10 000 元。

该项业务的发生，使企业的资产项目“银行存款”减少了 10 000 元，负债项目“短期借款”减少了 10 000 元。这是资产和负债同时减少，减少的金额相等。因此，资产与负债和所有者权益的总额仍保持平衡关系。

④该公司接受投资人投入的汽车一辆，价值 250 000 元。

该项业务的发生，使企业的资产项目“汽车”（固定资产）增加了 250 000 元，所有者权益项目“实收资本”增加了 250 000 元。这是资产和所有者权益同时增加，增加的金额相等。因此，资产与负债和所有者权益的总额仍保持平衡关系。

⑤该公司签发商业汇票一张，面值为 30 000 元，以抵偿未付货款。

该项业务的发生，使企业的负债项目“应付票据”增加了 30 000 元，负债项目“应付账款”减少了 30 000 元。在负债项目之间，此增彼减，增减金额相等，表明负债形态的转化，负债总额不变。因此，资产与负债和所有者权益的总额仍保持平衡关系。

⑥该公司决定减资，经批准同意。公司以银行存款 50 000 元返还给投资人。

该项业务的发生，使企业的资产项目“银行存款”减少了 50 000 元，所有者权益项目“实收资本”减少了 50 000 元。这是资产和所有者权益同时减少，减少的金额相等。因此，资产与负债和所有者权益的总额仍保持平衡关系。

⑦该公司销售一批存货，售价为 40 000 元，货款尚未收回。

该项业务的发生，使企业的资产项目“应收账款”增加了 40 000 元，收入项目“主营业务收入”增加 40 000 元，收入的增加最终使所有者权益增加。所以可以认为这是资产和所有者权益同时增加，增加的金额相等。因此，资产与负债和所有者权益的总额仍保持平衡关系。

⑧该公司以现金支付产品销售费用 5 000 元。

该项业务的发生，使企业的资产项目“库存现金”减少了 5 000 元，费用项目“销售费用”增加了 5 000 元。费用的增加最终导致所有者权益的减少，所以可以认为这是资产和所有者权益同时减少，减少的金额相等。因此，资产与负债和所有者权益的总额仍保持平衡关系。

⑨期末计提本月应发给管理人员的薪酬 10 000 元。

该项业务的发生，使企业的负债项目“应付职工薪酬”增加了 10 000 元，费用项目“管理费用”增加了 10 000 元。费用的增加最终导致所有者权益的减少，所以可以认为这是负债和所有者权益之间此增彼减，增减的金额相等。因此，资产与负债和所有者权益的总额仍保持平衡关系。

将上述变化的过程汇总，如表 2-4 所示。

表 2-4　资产负债表（简表）

编制单位：A 公司　　　　20××年 10 月 31 日　　　　单位：元

资　产	余　额	负债和所有者权益	余　额
流动资产：		负债：	
库存现金	20 000+20 000−5 000=35 000	短期借款	50 000−10 000=40 000
银行存款	200 000−20 000−10 000−50 000 =120 000	应付票据	30 000
应收账款	40 000	应付账款	30 000−30 000=0
存货	80 000+30 000=110 000	应付职工薪酬	10 000
非流动资产：		长期借款	150 000
房屋	180 000	所有者权益：	
机器设备	120 000	实收资本	400 000+250 000−50 000 =600 000
汽车	250 000	未分配利润（收入−费用）	40 000−5 000−10 000=25 000
合计	855 000	合计	855 000

任务 4　设置会计科目与开设会计账户

4.1　会计科目

4.1.1　会计科目的定义

会计的基本职能是会计核算和会计监督，而会计核算和会计监督的具体内容是会计对象，会计对象的具体化是会计要素，会计要素又包含若干具体项目。例如，资产要素中包括库存现金、银行存款、其他货币资金等项目，负债要素中包括短期借款、应付账款、预收账款等项目，这些要素的具体内容就是会计科目。会计科目是对会计要素的具体内容进一步分类的项目名称。

4.1.2　会计科目的分类

会计科目可以按其反映的经济内容（所属会计要素）分类，也可以按其所提供信息的详细程度及其统驭关系分类。

1. 按反映的经济内容（所属会计要素）分类

会计科目按其反映的经济内容不同，可分为资产类科目、负债类科目、共同类科目、所有者权益类科目、成本类科目和损益类科目。每一类会计科目可按一定标准再分为若干具体科目。

（1）资产类科目是对资产要素的具体内容进行分类核算的项目，按资产的流动性分为反映流动资产的科目和反映非流动资产的科目。反映流动资产的科目主要有“库存现金”“银行存款”“应收账款”“原材料”“库存商品”等；反映非流动资产的科目主要有“长期股权投资”“长期应收款”“固定资产”“在建工程”“无形资产”等。

（2）负债类科目是对负债要素的具体内容进行分类核算的项目，按负债的偿还期限长短分为反映流动负债的科目和反映非流动负债的科目。反映流动负债的科目主要有“短期借款”“应付账款”“应付职工薪酬”“应交税费”“应付票据”等；反映非流动负债的科目主要有“长期借款”“应付债券”“长期应付款”等。

（3）共同类科目是既有资产性质又有负债性质的科目，一般是在某些特殊行业中使用的科目，主要有“资金清算往来”“货币兑换”“套期工具”“被套期项目”等。

（4）所有者权益类科目是对所有者权益要素的具体内容进行分类核算的项目，主要有“实收资本”（或股本）、“资本公积”、“盈余公积”、“其他综合收益”、“本年利润”、“利润分配”、“库存股”等科目。

（5）成本类科目是对归属于产品生产成本、劳务成本等的具体内容进行分类核算的项目，主要有“生产成本”“制造费用”“劳务成本”“研发支出”等科目。

（6）损益类科目是对收入、费用要素的具体内容进行分类核算的项目。其中，反映收入的科目主要有“主营业务收入”“其他业务收入”“营业外收入”等；反映费用的科目主要有“主营业务成本”“其他业务成本”“税金及附加”“销售费用”“管理费用”“财务费用”等。

2. 按提供信息的详细程度及其统驭关系分类

会计科目按提供信息的详细程度及其统驭关系，可分为总分类科目和明细分类科目。

（1）总分类科目又称总账科目或一级科目，是对会计要素的具体内容进行总括分类，提供总括的会计信息的科目。例如，“原材料”科目为会计信息使用者提供了原材料总括的价值信息。

（2）明细分类科目又称明细科目，是对总分类科目进一步分类，提供更为详细和具体的会计信息的科目。如果某个总分类科目所辖的明细分类科目较多，可在总分类科目下设置二级明细科目，在二级明细科目下设置三级明细科目，据此类推。二级明细科目是对总分类科目进一步分类的科目，三级明细科目是对二级明细科目进一步分类的科目。

总分类科目总括地反映了会计要素的具体内容，明细分类科目详细地反映了会计要素的具体内容。总分类科目对明细分类科目有统驭的作用，明细分类科目是对总分类科目的补充和说明。总分类科目是最高层次的会计科目，控制或统驭二级明细科目和三级明细科目；二级明细科目是对总分类科目的补充说明，控制或统驭三级明细科目，介于总分类科目和三级明细科目之间；三级明细科目是对二级明细科目或总分类科目更为详细的补充说明。当然，并不是所有总分类科目都需要设置二级明细科目和三级明细科目，如库存现金等。总分类科目一般由财政部设置，二级明细科目和三级明细科目除会计制度规定设置的以外，可以由企业根据管理需要自行设置。

4.1.3 会计科目设置的原则

设置会计科目是会计核算中的一项重要工作，它是填制会计凭证和设置会计账户的依据，也是编制会计报表的基础。企业在设置会计科目时，应遵循以下几项原则。

1. 必须结合会计对象的特点

企业设置的会计科目必须涵盖经济业务的全部内容并符合行业特点。例如，制造企业应该设置“生产成本”“制造费用”等科目来反映产品的生产过程；商业企业则不需要设置这些科目。

2. 必须符合会计目标的要求

会计工作的目标是提供有用的会计信息，满足企业自身经济管理的要求，满足包括投资者在内的有关各方了解企业财务状况和经营成果的需要。例如，为了反映企业的盈亏状况，必须设置“主营业务收入”“主营业务成本”等科目；为了反映企业的债务情况，必须设置“短期借款”“长期借款”等科目。

3. 必须将统一性和灵活性结合起来

统一性是指在设置会计科目时，严格按照有关规定的要求设置主要会计科目。灵活性是指在统一核算指标的前提下，根据企业的具体情况及投资者的要求，可以增减会计科目。

4. 会计科目的名称必须简单明确

企业设置的会计科目名称必须简明扼要、通俗易懂，会计科目的名称应与核算内容完全一致。

5. 会计科目应保持相对稳定

为了便于分析比较、汇总核算，企业应保持会计科目相对稳定，不能经常变换会计科目。

6. 保证完整性与互斥性的统一

全部会计科目的设置必须包括会计要素的全部内容，同时不同会计科目应有各自不同的经济内容，即在内涵和外延上不存在重叠交叉。

4.1.4 主要会计科目

在会计科目表中，每个会计科目都有确定的编号，便于登记账册和查阅账目，为实现会计数据处理手段现代化、实行会计电算化提供了条件，从而大大提高了会计工作效率。

会计科目的编号一般采用四位数。会计科目编号的第一位数代表会计要素的类别："1"代表资产类；"2"代表负债类；"3"代表共同类；"4"代表所有者权益类；"5"代表成本类；"6"代表损益类。后三位数是顺序号。为了满足新的会计业务的需要，会计科目的编号通常都不是连续排列的，而是在中间预留一些空号。

会计科目表如表 2-5 所示。

表 2-5　会计科目表

1. 资产类

顺序号	编号	会计科目名称	会计科目适用范围	顺序号	编号	会计科目名称	会计科目适用范围
1	1001	库存现金		38	1431	周转材料	建造承包商专用
2	1002	银行存款		39	1441	贵金属	银行专用
3	1003	存放中央银行款项	银行专用	40	1442	抵债资产	金融共用
4	1011	存放同业	银行专用	41	1451	损余物资	保险专用
5	1015	其他货币基金		42	1461	存货跌价准备	
6	1021	结算备付金	证券专用	43	1501	待摊费用	
7	1031	存出保证金	金融共用	44	1511	独立账户资产	保险专用
8	1051	拆出资金	金融共用	45	1521	持有至到期投资	
9	1101	交易性金融资产		46	1522	持有至到期投资减值准备	
10	1111	买入返售金融资产	金融共用	47	1523	可供出售金融资产	
11	1121	应收票据		48	1524	长期股权投资	
12	1122	应收账款		49	1525	长期股权投资减值准备	
13	1123	预付账款		50	1526	投资性房地产	
14	1131	应收股利		51	1531	长期应收款	
15	1132	应收利息		52	1541	未实现融资收益	
16	1211	应收保护储金	保险专用	53	1551	存出资本保证金	保险专用
17	1221	应收代位追偿款	保险专用	54	1601	固定资产	

续表

顺序号	编号	会计科目名称	会计科目适用范围	顺序号	编号	会计科目名称	会计科目适用范围
18	1222	应收分保账款	保险专用	55	1602	累计折旧	
19	1223	应收分保未到期责任准备金	保险专用	56	1603	固定资产减值准备	
20	1224	应收分保保险责任准备金	保险专用	57	1604	在建工程	
21	1231	其他应收款		58	1605	工程物资	
22	1241	坏账准备		59	1606	固定资产清理	
23	1251	贴现资产	银行专用	60	1611	融资租赁资产	租赁专用
24	1301	贷款	银行和保险共用	61	1612	未担保余值	租赁专用
25	1302	贷款损失准备	银行和保险共用	62	1621	生产性生物资产	农业专用
26	1311	代理兑付证券	银行和保险共用	63	1622	生产性生物资产累计折旧	农业专用
27	1321	代理业务资产		64	1623	公益性生物资产	农业专用
28	1401	材料采购		65	1631	油气资产	石油天然气开采专用
29	1402	在途物资		66	1632	累计折耗	石油天然气开采专用
30	1403	原材料		67	1701	无形资产	
31	1404	材料成本差异		68	1702	累计摊销	
32	1406	库存商品		69	1703	无形资产减值准备	
33	1407	发出商品		70	1711	商誉	
34	1410	商品进销差价		71	1801	长期待摊费用	
35	1411	委托加工物资		72	1811	递延所得资产	
36	1412	包装物及低值易耗品		73	1901	待处理财产损溢	
37	1421	消耗性生物资产	农业专用				

2. 负债类

顺序号	编号	会计科目名称	会计科目适用范围	顺序号	编号	会计科目名称	会计科目适用范围
74	2001	短期借款		92	2261	应付分保账款	保险专用
75	2002	存入保证金	金融共用	93	2311	代理买卖证券款	证券专用
76	2003	拆入资金	金融共用	94	2312	代理承销证券款	证券和银行共用
77	2004	向中央银行借款	银行专用	95	2313	代理兑付证券款	证券和银行共用
78	2011	同业存放	银行专用	96	2314	代理业务负债	
79	2012	吸收存款	银行专用	97	2401	预提费用	
80	2021	贴现负债	银行专用	98	2411	预计负债	

续表

顺序号	编号	会计科目名称	会计科目适用范围	顺序号	编号	会计科目名称	会计科目适用范围
81	2101	交易性金融负债		99	2501	递延收益	
82	2111	专出回购金融资产款	金融共用	100	2601	长期借款	
83	2201	应付票据		101	2602	长期债券	
84	2202	应付账款		102	2701	未到期责任准备金	保险专用
85	2205	预收账款		103	2702	保险责任准备金	保险专用
86	2211	应付职工薪酬		104	2711	保户储金	保险专用
87	2221	应交税费		105	2721	独立账户负债	保险专用
88	2231	应付股利		106	2801	长期应付款	
89	2232	应付利息		107	2802	未确认融资费用	
90	2241	其他应付款		108	2811	专项应付款	
91	2251	应付保户红利	保险专用	109	2901	递延所得税负债	

3. 共同类

顺序号	编号	会计科目名称	会计科目适用范围	顺序号	编号	会计科目名称	会计科目适用范围
110	3001	清算资金往来	银行专用	113	3201	套期工具	
111	3002	外汇买卖	金融共用	114	3202	被套期项目	
112	3101	衍生工具					

4. 所有者权益类

顺序号	编号	会计科目名称	会计科目适用范围	顺序号	编号	会计科目名称	会计科目适用范围
115	4001	实收资本		119	4103	本年利润	
116	4002	资本公积		120	4104	利润分配	
117	4101	盈余公积		121	4201	库存股	
118	4102	一般风险准备	金融共用				

5. 成本类

顺序号	编号	会计科目名称	会计科目适用范围	顺序号	编号	会计科目名称	会计科目适用范围
122	5001	生产成本		126	5401	工程施工	建造承包商专用
123	5101	制造费用		127	5402	工程结算	建造承包商专用
124	5201	劳务成本		128	5403	机械作业	建造承包商专用
125	5301	研发支出					

6. 损益类

顺序号	编号	会计科目名称	会计科目适用范围	顺序号	编号	会计科目名称	会计科目适用范围
129	6001	主营业务收入		146	6411	利息支出	金融共用
130	6011	利息收入	金融共用	147	6421	手续费支出	金融共用
131	6021	手续费收入	金融共用	148	6501	提取未到期责任准备金	保险专用
132	6031	保费收入	保险专用	149	6502	提取保险责任准备金	保险专用
133	6032	分保费收入	保险专用	150	6511	赔付支出	保险专用
134	6041	租赁收入	租赁专用	151	6521	保户红利支出	保险专用
135	6051	其他业务收入		152	6531	退保金	保险专用
136	6061	汇兑损益	金融专用	153	6541	分出保费	保险专用
137	6101	公允价值变动损益		154	6542	分保费用	保险专用
138	6111	投资收益		155	6601	销售费用	
139	6201	摊回保险责任准备金	保险专用	156	6602	管理费用	
140	6202	摊回赔付支出	保险专用	157	6603	财务费用	
141	6203	摊回分保费用	保险专用	158	6604	勘探费用	
142	6301	营业外收入		159	6701	资产减值损失	
143	6401	主营业务成本		160	6711	营业外支出	
144	6402	其他业务成本		161	6801	所得税	
145	6405	税金及附加		162	6901	以前年度损益调整	

4.2　会计账户

4.2.1　会计账户的含义

会计账户是指根据会计科目开设并具有一定格式，用来分类、系统、连续地记录经济业务变动情况的一种工具。会计科目只是分类核算的项目或标志，而核算指标的具体数据资料必须通过账户记录和归集。因此，在设置会计科目后，必须根据会计科目开设一系列反映不同经济内容的账户，用于对企业纷繁复杂的业务进行分类记录。

4.2.2　会计科目与会计账户的关系

会计科目和会计账户是两个不同的概念，两者之间既有联系又有区别。

1. 联系

（1）会计科目是会计账户的名称，会计账户是根据会计科目开设的。

（2）两者一一对应，核算内容完全相同。

（3）设置会计科目和开设会计账户都是为了对经济业务进行分类、整理，以提供经营管理必需的会计信息。

2. 区别

（1）从时间看，会计科目是在经济活动产生之前事先对如何反映会计对象的具体内容做出的分类规范，会计账户是在经济活动产生之后对其做出的分类记录。

（2）从特征看，会计科目仅仅是会计账户的名称，没有结构，而会计账户除了有名称，还具有一定的格式和结构，会计账户能够反映会计要素增减变动的金额及结果。

（3）从形态看，会计科目具有静态特征，而会计账户具有动态特征。

（4）从设置看，会计科目是由国家财政部门统一规定的，是各单位设置会计账户、处理账务所必须遵循的依据，而会计账户是企业、机关、事业单位等各个会计主体根据会计科目和管理的需要在账簿中开设的，具有相对的灵活性。

4.2.3 会计账户开设的必要性

1. 能及时核算企业的经济业务

企业通过开设一套会计核算账户，就能及时记录每项经济业务的数量和金额变动情况，计算资金的取得、使用、分配。

2. 能及时存储会计信息

完整的会计账户体系，能及时记录每项经济业务的变化情况，在账户体系中包含了大量的会计信息。

3. 能及时提供会计信息

根据账户系统中大量的会计信息，按照企业管理的需要及国家有关规定，为会计信息使用者提供企业完整的、系统的会计信息，满足会计信息使用者的需要。

4.2.4 会计账户的分类

会计账户既可以按照经济内容分类，也可以按照提供指标的详细程度分类。

1. 会计账户按照经济内容分类

会计账户按照经济内容分为资产类账户、负债类账户、共同类账户、所有者权益类账户、成本类账户、损益类账户。

2. 会计账户按照提供指标的详细程度分类

（1）总分类账户是指根据总分类科目（一级科目）开设的会计账户，提供总分类科目内容增减变动及其结果的总括情况。

（2）明细分类账户是指根据明细分类科目（二级、三级等明细科目）开设的会计账户，提供该明细分类科目内容增减变动及其结果的详细情况。

（3）总分类账户与明细分类账户之间存在密切联系。总分类账户是对相同内容的汇总登记，明细分类账户是对相同内容的进一步详细登记。登记总分类账户与明细分类账户的依据都是原始凭证。登记总分类账户的金额等于其所包含的明细分类账户的金额之和。总分类账户和明细分类账户登记的时间和登记的方向相同。

总分类账户与明细分类账户之间也存在明显的区别。总分类账户提供的会计信息比较概括，明细分类账户提供的会计信息比较详细。总分类账户提供的指标是其所包含的明细分类账户的汇总，对所包含的明细分类账户起着控制和统驭作用，因此被称为统驭账户；明细分类账户是对总分类账户的补充说明，因此被称为从属账户。总分类账户只提供以货币为计量单位的价值信息，明细分类账户还可以提供除价值信息之外的数量信息。

4.2.5　会计账户的基本结构

所谓会计账户的基本结构是指会计账户的基本构成要素，其实质就是在会计账户中反映和记录会计要素的增加、减少和结存情况。

尽管企业的经济活动错综复杂，但经济业务所引起的各项会计要素的变动，从数量上看不外乎是增加和减少两种情况。为了清晰地反映各项经济业务的增减变动，会计账户通常被划分为左、右两方，分别登记增加数和减少数。至于在会计账户的左、右两方中，哪一方登记增加额，哪一方登记减少额，这取决于各个会计账户所记录的经济业务内容和会计账户的性质。

在实际工作中，会计账户的具体结构可以根据不同的需要设计出多种多样的格式，但其基本结构如下所述。

（1）会计账户的名称，即会计科目，用以说明会计账户核算的内容。

（2）记账日期，即登记账簿的时间。

（3）凭证号数，即会计账户记录的来源和依据（会计凭证）。

（4）摘要，简要说明经济业务的内容。

（5）金额，记录经济业务增加、减少的金额及余额。

（6）页码，账簿必须连续编号。

账户的一般格式（以借贷记账法中的账户为例）如表 2-6 所示。

表 2-6　总分类账

会计科目：　　　　　　　　　　　　　　　　　　　　　　第　　页

年		凭证		摘要	借方	贷方	借或贷	余额
月	日	字	号					

为了说明问题以及便于学习，我们通常将会计账户用简化的“T”形账户来表示。这种格式的会计账户只突出账户的主要结构：账户名称和左右两方，其他部分略去。其形式如下。

左方（借方）　　　　　　　账户名称（会计科目）　　　　　　　右方（贷方）

在借贷记账法中，会计账户的左方称为“借方”，右方称为“贷方”。每个账户一般有四个金额要素，即期初余额、本期增加发生额、本期减少发生额和期末余额。我们把在一个会计期间内登记的金额增加合计数称为本期增加发生额；把金额减少合计数称为本期减少发生额；把账户增减变动的最终结果称为期末余额；期初余额是上期结转下来到本期的账户余额。会计账户四个金额要素的关系如下：

期末余额=期初余额+本期增加发生额-本期减少发生额

其中，本期期初余额=上期期末余额，本期期末余额=下期期初余额。

任务 5　复式记账法与借贷记账法

5.1　记账方法

企业在账户中记录经济业务，必须借助一定的记账方法。记账方法是根据单位所发生的经济业务（或会计事项），采用特定的记账符号并运用一定的记账原理（程序和方法），在账簿中进行登记的方法。记账方法包括单式记账法和复式记账法。

5.1.1　单式记账法

单式记账法是对所发生的经济业务只在一个账户中进行登记的方法，它是一种不完整的简易记账方法。这种记账方法一般只记录现金、存款的收付以及债权与债务结算业务，有时也登记实物，需要什么资料登记什么资料，账户与账户之间没有必然的内在联系，也没有相互对应平衡的概念。单式记账法只能反映经济业务的一个侧面，会计记录之间不存在相互钩稽关系，因此不能全面、系统地反映经济业务的来龙去脉，也不便于检查账簿记录的正确性。

5.1.2　复式记账法

1. 复式记账法的含义和特点

复式记账法是对所发生的经济业务，都以相等的金额在相互联系的两个或两个以上的账户中登记的方法。复式记账法包括两项主要内容：一是在两个或两个以上账户中进行记录；二是以相等的金额记录。

复式记账法有如下两个特点：一是根据账户之间存在的相互钩稽关系，可以了解每项经济业务的来龙去脉：二是对账户记录的结果进行试算平衡，以检查账户记录的正确性。复式记账法作为一种科学的记账方法一直被世界各国广泛采用。

2. 复式记账法的理论基础

复式记账法是以会计基本等式“资产=负债+所有者权益”为依据建立起来的一种科学的记账方法。每一种交易或事项的发生，都会引起资产、负债、所有者权益有关项目的增减变动。通过复式记账法，可以用会计等式反映上述增减变动，即会计等式的其中一项发生变动，另一项或几项也随之发生相应的变动。

3. 复式记账法的种类

根据记账符号、账户分类、记账规则和试算平衡方法的不同，复式记账法分为借贷记账法、收付记账法和增减记账法。

借贷记账法是以“借”和“贷”作为记账符号的一种复式记账法，是国际上通用的一种记账方法。我国《企业会计准则——基本准则》规定，企业应当采用借贷记账法记账；《事业单位会计准则》和《行政单位会计制度》也要求采用借贷记账法记账。因此，借贷记账法也是我国通用的记账方法。

收付记账法是以“收”和“付”作为记账符号的一种复式记账法，也是我国传统的复式记账法。我国预算会计曾经长期采用收付记账法，从 1998 年起，预算会计全部改为采用借贷记账法。

增减记账法是以“增”和“减”作为记账符号的一种复式记账法，是 20 世纪 60 年代我国商业系统改革记账方法创设的一种复式记账法。这种记账方法在 20 世纪 60 年代至 80 年代曾广泛推广到各行各业，后来被废止。

在下文中我们将详细介绍借贷记账法。

5.2 借贷记账法

借贷记账法的记账符号是“借”和“贷”，对账户来说，它们是账户的两个部分，分别代表左方和右方，即左方为借方、右方为贷方（左借右贷），这一规定适用于所有类型的账户。这里必须注意的是“借”和“贷”只是记账符号，至于表示增加还是减少，则取决于账户的性质（账户按照经济内容进行分类）。

5.2.1 借贷记账法中账户的结构

1. 资产类账户的结构

资产类账户的借方登记增加额，贷方登记减少额，期末余额在借方，用“T”形账户表示，其结构如下。

借方　　会计科目　　贷方

期初余额	
本期借方发生额（增加）	本期贷方发生额（减少）
本期借方发生额合计	本期贷方发生额合计
期末余额	

资产类账户的余额应根据下列公式进行计算：

期末（借方）余额=期初（借方）余额+本期借方发生额合计-本期贷方发生额合计

2. 负债类账户的结构

负债类账户的结构与资产类账户的结构相反，借方登记减少额，贷方登记增加额，期末余额在贷方，用“T”形账户表示，其结构如下。

借方　　会计科目　　贷方

	期初余额
本期借方发生额（减少）	本期贷方发生额（增加）
本期借方发生额合计	本期贷方发生额合计
	期末余额

负债类账户的余额应根据下列公式计算：

期末（贷方）余额=期初（贷方）余额+本期贷方发生额合计-本期借方发生额合计

3. 所有者权益类账户的结构

所有者权益类账户的结构与负债类账户的结构相同，借方登记减少额，贷方登记增加额，期末余额在贷方，用“T”形账户表示，其结构如下。

借方　　会计科目　　贷方

	期初余额
本期借方发生额（减少）	本期贷方发生额（增加）
本期借方发生额合计	本期贷方发生额合计
	期末余额

所有者权益类账户的余额应根据下列公式计算：

期末（贷方）余额=期初（贷方）余额+本期贷方发生额合计-本期借方发生额合计

4. 成本类账户的结构

成本类账户的结构与资产类账户的结构相同，借方登记增加额，贷方登记减少额，期末余额在借方，用“T”形账户表示，其结构如下。

借方　　会计科目　　贷方

期初余额	
本期借方发生额（增加）	本期贷方发生额（减少）
本期借方发生额合计	本期贷方发生额合计
期末余额	

成本类账户的余额应根据下列公式计算：

期末（借方）余额=期初（借方）余额+本期借方发生额合计-本期贷方发生额合计

5. 损益类账户的结构

损益类账户包括收入和费用两类账户，在借贷记账法中，这两类账户的结构正好相反。收入类账户的结构与所有者权益类账户的结构相似，即借方登记减少额，贷方登记增加额，期末没有余额（收入类账户期末要结转到“本年利润”账户），用“T”形账户表示，其结构如下。

借方　　会计科目　　贷方

本期借方发生额（减少）	本期贷方发生额（增加）
本期借方发生额合计	本期贷方发生额合计

费用类账户的结构与资产类账户的结构相似，即借方登记增加额，贷方登记减少额，期末没有余额（费用类账户期末要结转到“本年利润”账户），用“T”形账户表示，其结构如下。

借方　　会计科目　　贷方

本期借方发生额（增加）	本期贷方发生额（减少）
本期借方发生额合计	本期贷方发生额合计

需要说明的是，在一般情况下，有期初余额的账户，期初余额的方向与其增加额、期末余额同方向，如资产类账户的期初余额、增加额、期末余额都在借方。但亦有例外，如“应收账款”是资产类账户，在一般情况下，期末余额在借方，则反映尚未收回的账款；但如果期末余额在贷方，说明本期多收了，多收部分就转化为预收账款，变成负债性质的账户了。类似的情况在很多账户中都存在，如“应付账款”“预收账款”“预付账款”等反映往来账款的账户。

为了方便掌握借贷记账法中账户的结构，现将各类账户的结构列示，如表 2-7 所示。

表 2-7　各类账户的结构

账户名称	借　方	贷　方	余额方向
资产类	增加	减少	借方
负债类	减少	增加	贷方
所有者权益类	减少	增加	贷方
成本类	增加	减少	借方
收入类	减少	增加	一般无余额
费用类	增加	减少	一般无余额

5.2.2　借贷记账法的特点

1. 以“借”和“贷”为记账符号

借贷记账法是以“借”和“贷”作为记账符号，用以指明记账的增减方向、账户之间的对应关系和账户余额的性质等，而与这两个字的字义及其在会计史上的最初含义无关，不可望文生义。“借”和“贷”是会计的专门术语，并已经成为通用的国际商业语言。

“借”和“贷”二字作为借贷记账法的记账符号，并不是纯粹的、抽象的记账符号，而是具有深刻经济内涵的、科学的记账符号。从字面含义上看，“借”和“贷”二字的确是历史产物，其最初的含义同债权和债务有关。随着商品经济的发展，借贷记账法得到广泛运用，记账对象不再局限于债权、债务关系，而是扩大到记录财产物资增减变化和计算经营损益。原来仅限于记录债权、债务关系的“借”和“贷”二字已不能概括经济活动的全部内容，它们表示的内容应该包括全部经济活动的资金运动变化的来龙去脉。它们逐渐失去了原来的字面含义，并在原来字面含义的基础上进一步升华，获得了新的含义。

（1）“借”和“贷”代表账户中两个固定的部位。一切账户均需设置两个部位记录某个具体经济事项数量上的增减变化（来龙去脉），账户的左方一律称为借方，账户的右方一律称为贷方。

（2）“借”和“贷”具有一定的、确切的、深刻的经济含义。“贷”字表示资金运动的"起点"（出发点），即表示会计主体所拥有资金（某种具体财产物资的货币表现）的"来龙"（资金从哪里来）；"借"字表示资金运动的"驻点"（短暂停留点，因资金运动在理论上没有终点），即表示会计主体所拥有资金的"去脉"（资金的用途、去向或存在状态）。这是由资金运动的内在本质决定的，会计既然要全面反映与揭示会计主体的资金运动，在记账方法上就必须体现资金运动的本质要求。

2. 以"有借必有贷，借贷必相等"作为记账规则

记账规则是指在记账时应遵循的规定和守则。采用复式记账法，对发生的每笔交易或事项，都应以相等的金额，在两个或两个以上相互联系的账户中进行记录。按照借贷记账法的账户结构，采用复式记账法时对每笔交易或事项必须进行借贷相反的记录。在记账时，对每项经济业务必须用相等金额，一方面记入一个或几个有关账户的借方，同时记入一个或几个有关账户的贷方，记入借方账户与贷方账户的数额必然相等，这就形成了借贷记账法的记账规则：有借必有贷，借贷必相等。

（1）账户的对应关系。运用借贷记账法的记账规则登记每项经济业务时，在有关账户之间就会发生应借、应贷的相互关系，这被称为账户的对应关系。发生对应关系的账户被称为对应账户。例如，以银行存款 50 000 元偿还短期借款，这项经济业务应记入短期借款账户的借方 50 000 元，同时应记入银行存款账户的贷方 50 000 元。这项经济业务使"短期借款"和"银行存款"这两个账户发生了应借、应贷的关系，这两个账户就是对应账户。

账户对应关系的重要作用，体现在以下两个方面。

第一，通过账户的对应关系和对应账户，可以了解经济业务的内容。例如，记入"银行存款"账户借方 10 000 元和"短期借款"贷方 10 000 元。通过这两个账户的对应关系可以了解到，银行存款（资产项目）的增加是由于短期借款（负债项目）的增加，也就是通过银行取得短期借款，而使银行存款增加了 10 000 元，短期借款增加了 10 000 元。

第二，通过账户的对应关系和对应账户，可以发现账户记录的金额及业务是否符合有关财经法规和财务会计制度。例如，记入"应付账款"账户借方 5 000 元和"库存现金"账户贷方 5 000 元。这两个账户的对应关系是以库存现金 5 000 元，偿还了前欠外单位的货款。对这项经济业务所做的会计处理并无错误，但这项经济业务违反了国家现金管理制度的规定。因为偿付大额货款，必须通过银行结算，不得直接用现金支付。

（2）会计分录。借贷记账法的外在表现是会计分录，企业日常要发生大量的经济业务，如果按照经济业务逐笔记入账户，不但工作量大而且也容易出现差错，进而影响企业提供会计信息的准确性。因此，在会计实务工作中，为了保证账户记录的准确性和便于事后检查，在将经济业务记入账户之前，要采用一种专门的方法来确定各项经济业务

正确的账户对应关系，即确定经济业务涉及的账户及其借贷方向和金额。这种方法就是编制会计分录。

①会计分录的定义、要素及书写格式。

会计分录又称记账公式或简称分录，它是按照复式记账法的要求，对每项经济业务列示应借、应贷的账户名称及其金额的一种记录。在会计实务中，会计分录是在记账凭证中登记的。

会计分录包括三个要素：账户的名称，即会计科目；记账符号，即借方和贷方；记录的金额。

会计分录书写的格式：借方在前，贷方在后；借方书写内容与贷方书写内容分上下行写，不能写在同一行，且贷方的文字和金额都要比借方后退两格书写；在一借多贷或一贷多借和多借多贷的情况下，借方或贷方的文字要分别对齐，金额也要对齐，不必重复写“借”或“贷”，只需要写第一个会计科目的“借”或“贷”，然后将相同方向的会计科目对齐即可；金额后无“元”字，金额只写数字。

②会计分录的分类。

会计分录按所涉及的账户数量多少，可分为简单会计分录和复合会计分录两种。简单会计分录涉及的账户数量只有两个，也就是一个账户的借方与另一个账户的贷方发生对应关系的会计分录，即一借一贷的会计分录。复合会计分录是指涉及的账户数量为两个以上，也就是一个账户的借方与另几个账户的贷方，或几个账户的借方与另一个账户的贷方，或几个账户的借方与另几个账户的贷方发生对应关系的会计分录，即一借多贷、一贷多借或多借多贷的会计分录。

③会计分录的编制步骤。

第一步，确定交易或事项涉及的账户及其性质（属于哪一类账户）。

第二步，确定账户中应记金额是增加还是减少。

第三步，确定所涉及账户的借、贷方向。

第四步，检查应借、应贷账户是否正确、借贷金额是否相等。

3. 可以设置共同性账户，以账户的余额方向来判断账户的性质

采用借贷记账法并不要求对所有账户进行固定分类，可以设置部分同时兼具资产类和负债类的共同性账户。例如，企业（银行）间业务往来的资金清算款项，可以设置资产负债共同性的“清算资金往来”账户。共同性账户的性质由其余额方向决定：如果期末余额在借方，表示企业应收的结算资金，就属于资产类账户；如果期末余额在贷方，表示企业应付的结算资金，就属于负债类账户。必须注意的是，针对某一特定的期初或

期末时点，共同性的账户要么是资产类账户，要么是负债类账户，不可能既是资产类账户，又是负债类账户。

4. 可以运用试算平衡的方法，检验账户的记录是否正确

（1）试算平衡。试算平衡就是根据资产和权益的平衡关系以及借贷记账法的记账规则来检验所有账户的记录是否正确的一种方法。其具体包括发生额试算平衡和余额试算平衡。

发生额试算平衡是指利用全部账户的借贷双方发生额的平衡关系来检查账户记录是否正确的一种方法。其理论依据为“有借必有贷，借贷必相等”的记账规则。在实际工作中，通过编制发生额试算平衡表进行试算平衡，其平衡公式如下：

全部账户的借方发生额合计=全部账户的贷方发生额合计

余额试算平衡是指利用所有账户借方期初余额或期末余额和贷方期初余额或期末余额合计相等的关系来检查账户记录是否正确的一种方法。其理论依据为会计基本等式，即资产=负债+所有者权益。在实际工作中，通过编制余额试算平衡表进行试算平衡，其平衡公式如下：

全部账户的借方期末（期初）余额合计=全部账户的贷方期末（期初）余额合计

在实际工作中，也可以将发生额试算平衡表和余额试算平衡表结合起来编制总分类账户发生额及余额试算平衡表。

（2）试算平衡的步骤。在实际工作中，会计人员一般按照下面的步骤进行试算平衡。

第一步，期末把全部账户应记录的经济业务登记入账，并计算出各个账户本期的借方发生额、贷方发生额和期末余额。

第二步，编制试算平衡表。试算平衡表可以分为两种：一种是将本期发生额和期末余额分别编制列表（分别编制本期发生额试算平衡表和期末余额试算平衡表）；另一种是将期初余额、本期发生额、期末余额合并在一张表中进行试算平衡（编制发生额及余额试算平衡表）。总分类账户试算平衡表的格式如表 2-8 至表 2-10 所示。

表 2-8　总分类账户本期发生额试算平衡表

会计科目（账户名称）	借方发生额	贷方发生额
合计		

表 2-9　总分类账户期末余额试算平衡表

会计科目（账户名称）	借方余额	贷方余额
合计		

表 2-10　总分类账户发生额及余额试算平衡表

会计科目（账户名称）	期初余额		本期发生额		期末余额	
	借方	贷方	借方	贷方	借方	贷方
合计						

应当指出，试算平衡并不意味着日常账户记录完全正确，只是基本正确，因为有些账户记录的错误很难从试算平衡中发现。这些错误包括：①借贷双方发生同等金额的记录错误；②全部漏记或重复记录同一项经济业务；③账户记录发生借贷方向错误；④用错有关账户名称。这些错误需要通过其他方法进行查找。

5.2.3　借贷记账法的应用

以上说明了借贷记账法的账户结构、记录方法、记账规则、编制会计分录等内容，下面结合 C 公司的业务，运用借贷记账法处理简单的经济业务。

【例 2-3】C 公司 20××年 1 月 31 日的资产、负债和所有者权益情况，如表 2-11 所示。

表 2-11　资产、负债和所有者权益情况

单位：元

账户名称	期初余额	
	借方	贷方
库存现金	200	
银行存款	12 000	
原材料	17 000	
其他应收款	4 800	
固定资产	12 000	
短期借款		10 000
应付账款		6 000
实收资本		30 000
管理费用		
合计	46 000	46 000

C公司20××年2月发生以下几项经济业务，对每项经济业务进行账务处理如下。

第一步，根据经济业务编制会计分录并审核。（在实际工作中应编制记账凭证）

（1）以银行存款购入全新设备，价值3 000元。（假设不考虑增值税）

借：固定资产　　3 000

　　贷：银行存款　　3 000

（2）从银行借入短期借款9 000元，存入银行存款账户。

借：银行存款　　9 000

　　贷：短期借款　　9 000

（3）以银行存款偿还应付账款6 000元。

借：应付账款　　6 000

　　贷：银行存款　　6 000

（4）以银行存款购入原材料4 000元，材料已经验收入库。（假设不考虑增值税）

借：原材料　　4 000

　　贷：银行存款　　4 000

（5）从银行提取现金800元。

借：库存现金　　800

　　贷：银行存款　　800

（6）购进原材料2 000元，材料已经入库，货款尚未支付。（假设不考虑增值税）

借：原材料　　2 000

　　贷：应付账款　　2 000

（7）以现金购买企业管理部门办公用品300元。

借：管理费用　　300

　　贷：库存现金　　300

（8）企业管理部门某员工出差归来报销差旅费900元，原借款800元，补付现金100元。

借：管理费用　　900

　　贷：其他应收款　　800

　　　　库存现金　　100

第二步，根据审核无误的会计分录（记账凭证）登记账簿并计算各个账户的期初余额、本期发生额及期末余额。在实际工作中就是登记账簿的过程，下文在有关账簿的项目中将详细介绍，此处使用“T”形账户表示如下。

借方　　固定资产　　贷方

期初余额	12 000		
（1）	3 000		
本期发生额合计	3 000	本期发生额合计	0
期末余额	15 000		

借方　　原材料　　贷方

期初余额	17 000		
（4）	4 000		
（6）	2 000		
本期发生额合计	6 000	本期发生额合计	0
期末余额	23 000		

借方　　银行存款　　贷方

期初余额	12 000		
（2）	9 000	（1）	3 000
		（3）	6 000
		（4）	4 000
		（5）	800
本期发生额合计	9 000	本期发生额合计	13 800
期末余额	7 200		

借方　　短期借款　　贷方

		期初余额	10 000
		（2）	9 000
本期发生额合计	0	本期发生额合计	9 000
		期末余额	19 000

借方　　应付账款　　贷方

		期初余额	6 000
（3）	6 000	（6）	2 000
本期发生额合计	6 000	本期发生额合计	2 000
		期末余额	2 000

借方　　其他应收款　　贷方

期初余额	4 800		
		（8）	800
本期发生额合计	0	本期发生额合计	800
期末余额	4 000		

借方　　实收资本　　贷方

		期初余额	30 000
本期发生额合计	0	本期发生额合计	0
		期末余额	30 000

库存现金

借方		贷方	
期初余额	200		
（5）	800	（7）	300
		（8）	100
本期发生额合计	800	本期发生额合计	400
期末余额	600		

管理费用

借方		贷方	
（7）	300		
（8）	900		
本期发生额合计	1 200	本期发生额合计	0
期末余额	1 200		

第三步，编制试算平衡表，如表 2-12 所示。

表 2-12 总分类账户发生额及余额试算平衡表

单位：元

会计科目（账户名称）	期初余额		本期发生额		期末余额	
	借方	贷方	借方	贷方	借方	贷方
固定资产	12 000		3 000		15 000	
原材料	17 000		6 000		23 000	
银行存款	12 000		9 000	13 800	7 200	
短期借款		10 000		9 000		19 000
应付账款		6 000	6 000	2 000		2 000
其他应收款	4 800			800	4 000	
实收资本		30 000				30 000
库存现金	200		800	400	600	
管理费用			1 200		1 200	
合计	46 000	46 000	26 000	26 000	51 000	51 000

【知识拓展】

利得的定义：非日常活动形成的、导致所有者权益增加的，与所有者投入资本无关的经济利益的流入。

损失的定义：非日常活动形成的、导致所有者权益减少的，与向所有者分配利润无关的经济利益的流出。

利得、损失强调的是“非”日常活动，而收入、费用则产生于日常活动；利得、损失强调的是“净流入”“净流出”的概念，收入、费用强调的是“总流入”“总流出”的概念。

基础知识测评

一、单项选择题

1．以下选项作为开设会计账户依据的是（　　）。

A．会计要素　　B．会计准则

C．会计报表　　D．会计科目

2．会计科目与会计账户的联系主要是（　　）。

A．含义相同　　B．结构相同

C．内容相同　　D．作用相同

3．根据借贷记账法的原理，记录在账户贷方的是（　　）。

A．费用的增加　　B．收入的增加

C．负债的减少　　D．所有者权益的减少

4．借贷记账法的记账规则是（　　）。

A．同增、同减、有增、有减　　B．同收、同付、有收、有付

C．有借必有贷，借贷必相等　　D．有增必有减，增减必相等

5．复式记账法的基本理论依据是（　　）的平衡原理。

A．资产=负债+所有者权益

B．收入-费用=利润

C．期初余额+本期增加额-本期减少额=期末余额

D．借方发生额=贷方发生额

二、多项选择题

1．以下会计科目属于资产类科目的是（　　）。

A．实收资本　　B．固定资产

C．预收账款　　D．库存商品

2．以下会计科目属于所有者权益类科目的是（　　）。

A．应付股利　　B．本年利润

C．盈余公积　　D．资本公积

3．借方登记本期减少的账户有（　　）。

A．资产类　　B．负债类

C．收入类　　D．所有者权益类

4．下列会计科目中，属于损益类科目的是（　　）。

A．应收账款　　B．投资收益

C．主营业务成本　　D．生产成本

5．下列表述正确的是（　　）。

A．会计科目只是会计账户的名称

B．会计科目与会计账户是同一个概念

C．会计科目无结构，会计账户有结构

D．会计科目与会计账户反映的内容相同

三、判断题

1．统一性与灵活性相结合是设置会计科目的原则之一。（　　）

2．借贷记账法的试算平衡方法有本期发生额试算平衡和差额试算平衡。（　　）

3．账户的本期发生额反映的是动态指标，而期末余额反映的是静态指标。（　　）

4．只要实现了期初余额、本期发生额、期末余额的平衡，就说明账户记录没有错误了。（　　）

5．一般而言，费用类账户的结构与所有者权益类账户的结构相同，收入类账户的结构与资产类账户的结构相同。（　　）

岗位能力测评

（一）练习会计要素的分类及会计科目的运用。

某企业 20××年 10 月 1 日有关资产和权益项目如下表所示。

某企业 20××年 10 月 1 日有关资产和权益项目表

单位：元

序　号	项　目	会计要素	会计科目
1	企业厂房及设备		
2	银行存款		
3	应付员工工资		
4	所有者投入企业的资本		
5	厂部管理部门的水电费		
6	出纳员保险柜里的现金		
7	职工出差借支的差旅费		
8	销售产品的广告费		
9	完工验收入库的产成品		
10	专利技术		
11	从银行借入的不超过一年的借款		
12	销售产品取得的收入		
13	尚未完工的建筑工程		
14	企业仓库储存的原材料		
15	应交的增值税		
16	已分配的利润		

续表

序　号	项　目	会计要素	会计科目
17	本年实现的利润		
18	应付某公司的材料款		
19	应收大华公司的货款		
20	从利润中提取的盈余公积		

要求：请将项目所属会计要素、会计科目填写在相应的栏目里。

（二）南宁市某旅游文化有限公司20××年3月1日的资产、负债和所有者权益情况如下表所示。

20××年3月1日资产负债表（简表）

单位：元

资　产	金　额	负债及所有者权益	金　额
库存现金	1 000	短期借款	100 000
银行存款	13 000	应付账款	25 000
应收账款	14 000	应付职工薪酬	5 000
其他应收款	2 000	实收资本	500 000
在途物资	10 000	盈余公积	50 000
生产成本	140 000	未分配利润	20 000
原材料	50 000		
库存商品	70 000		
固定资产	400 000		
合计	700 000	合计	700 000

该公司3月发生下列经济业务。（所有经济业务不考虑增值税）

（1）向甲公司购入一批原材料，金额为20 000元，材料验收入库，货款未付。

（2）生产车间领用45 000元的原材料投入生产A产品。

（3）向银行借入短期借款50 000元存入银行。

（4）以现金暂付职工张强差旅费1 000元。

（5）以银行存款偿还前欠甲公司材料款20 000元。

（6）收到投资人投入资本30 000元存入银行。

（7）收回乙公司前欠货款12 000元存入银行。

（8）从银行提取现金1 000元。

（9）以银行存款购入机器设备一台，价值20 000元。

（10）以银行存款支付职工医药费5 000元。

要求：根据以上经济业务，将资产、负债和所有者权益各项目的本月金额和月内增减变化的金额填入下表，同时计算出期末余额和合计数。

20××年3月31日资产负债表（简表）

单位：元

资产	期初数	本月增加数	本月减少数	月末余额	负债和所有者权益	期初数	本月增加数	本月减少数	月末余额
库存现金					负债：				
银行存款					短期借款				
应收账款					应付账款				
其他应收款					应付职工薪酬				
在途物资					负债合计				
生产成本					所有者权益：				
原材料					实收资本				
库存商品					盈余公积				
固定资产					未分配利润				
					所有者权益合计				
合计					合计				

（三）桂林龙山公司20××年7月的资产、负债及所有者权益情况如下表所示。

单位：元

资　产	金　额	负债及所有者权益	金　额
库存现金	1 000	负债：	
银行存款	135 000	短期借款	60 000
应收账款	10 000	应付账款	8 000
生产成本	40 000	应交税费	2 000
原材料	120 000	负债合计	70 000
库存商品	24 000	所有者权益：	
固定资产	600 000	实收资本	860 000
		所有者权益合计	860 000
合计	930 000	合计	930 000

该公司7月发生下列经济业务。（所有经济业务不考虑增值税）

（1）购进一批材料，金额为11 700元，材料入库，以银行存款支付。

（2）生产车间领用甲材料40 000元，全部投入生产乙产品。

（3）从银行存款账户提取现金400元。

（4）以银行存款购入汽车一辆，金额为100 000元。

（5）用银行存款偿还短期借款3 000元　。

（6）生产车间从仓库领用25 000元的材料用于生产乙产品。

（7）收到购货单位前欠3 000元货款存入银行。

（8）其他单位投入资本20 000元存入银行。

（9）以银行存款16 000元归还短期借款12 000元和供货单位货款4 000元。

（10）收到购货单位前欠货款 4 000 元，其中 3 600 元为支票已存入银行，另 400 元为现金。

要求：

（1）根据上述各项经济业务，用借贷记账法编制会计分录。

（2）开设各个账户（“T”形账户），登记期初余额、本期发生额，得出期末余额，并编制总分类账户本期发生额及期末余额试算平衡表。

项目 3
填制与审核会计凭证

岗位要求

知识目标

1. 理解会计凭证的概念、种类和基本内容。
2. 了解审核会计凭证的主要内容及意义。

能力目标

掌握填制会计凭证的要求和方法。

案例导入

行政部职员赵伶俐将公司各部门申报的第二季度办公用品进行了汇总，交给行政部经理审批。行政部经理在与有关部门协调后，对汇总计划的部分项目进行修改并签字同意实施。赵伶俐将修改后的购置明细通过电子邮件发给公司指定的办公用品供应商——东方办公用品公司（以下简称东方公司）订货。三天后，东方公司将货物送到。送货人员将销售发票及销售清单交给赵伶俐，赵伶俐与行政部办公用品保管员共同清点货物后，在东方公司的送货清单上签了字；保管员填制入库单据，并将第二联（财务记账联）交给赵伶俐。随后，赵伶俐持行政部经理审批的购买计划、东方公司的销售发票及销售清单、保管员填制的入库单据第二联等到公司财务部办理付款手续。

问题：

（1）如果你是该公司财务部的会计，在赵伶俐办理付款手续时会要求她提供哪些有关资料？

（2）在办理了付款手续后，财务部将如何处理这些资料？

任务 1　会计凭证的意义和种类

1.1　会计凭证的意义

会计凭证简称凭证，是记录经济业务、明确经济责任和据以登记账簿的书面证明。

填制和审核会计凭证是会计核算工作的起点和基础，也是对经济业务活动进行核算和监督的基本环节，同时还是会计核算的基本方法之一。会计主体办理任何一项经济业务，都必须取得或填制凭证，由执行和完成该项经济业务的有关人员取得或填制会计凭证，以书面形式记录经济业务的发生日期、具体内容以及数量和金额，并在凭证上签名或盖章，对经济业务的合法性、真实性和正确性负完全责任。所有凭证都要由会计部门审核，只有经过审核无误的凭证，才能作为记账的依据。

因此，准确填制和严格审核会计凭证，对完成会计工作任务、实现会计职能、充分发挥会计作用，具有重要的意义。

1.2　会计凭证的种类

会计凭证按其填制程序和用途的不同，可分为原始凭证和记账凭证两大类。

1.2.1　原始凭证

原始凭证是指在经济业务发生时取得或填制，载明经济业务具体内容和完成情况，明确业务经办人员的责任并具有法律效力和作为会计核算原始依据的书面证明。

原始凭证按其来源不同，可分为外来原始凭证和自制原始凭证两种。

1. 外来原始凭证

外来原始凭证是指在经济业务活动发生或完成时，从其他单位或个人处直接取得的原始凭证。例如，职工报销差旅费由职工个人填写的“差旅费报销单”；单位与单位之间经常发生的经济业务所需要的原始凭证，应当由当地的税务或财政部门统一印制，如从对方单位取得的“增值税专用发票”“收据”等，格式如图 3-1、图 3-2 所示。

2. 自制原始凭证

自制原始凭证是指由本单位业务经办人员，根据有关经济业务的执行和完成情况所填制的原始凭证。例如，材料验收入库所填制的“收料单”，仓库发出材料所填写的“领料单”等。自制原始凭证按其填制程序和内容不同，又可分为一次原始凭证、累计原始凭证和汇总原始凭证。

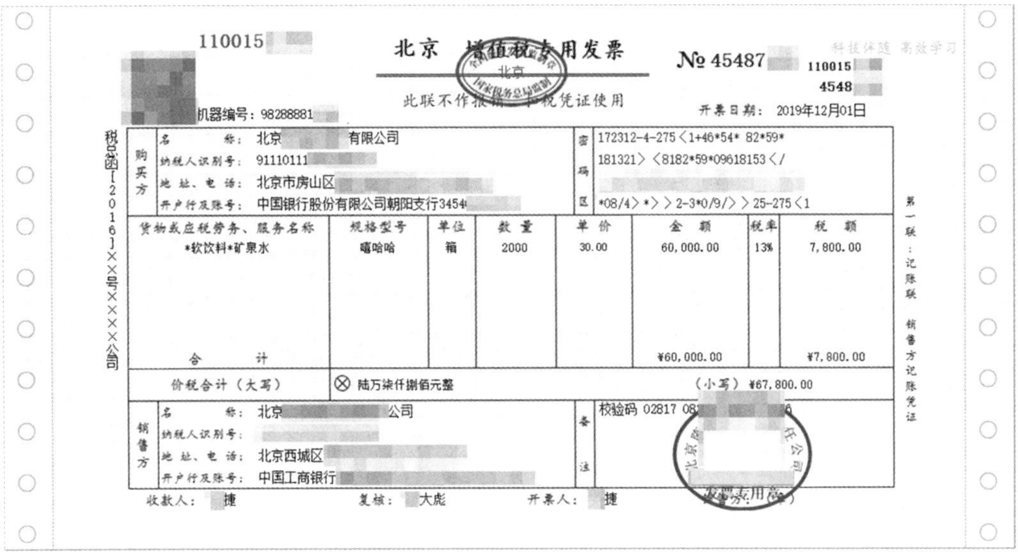

110015

北京 增值税专用发票

№ 45487

110015

4548

机器编号：98288881

此联不作报销、扣税凭证使用

开票日期：2019年12月01日

税总函[2016]××号××××公司

购买方	名称：北京 有限公司 纳税人识别号：91110111 地址、电话：北京市房山区 开户行及账号：中国银行股份有限公司朝阳支行3454	密码区	172312-4-275<1+46*54* 82*59* 181321><8182*59*09618153</ *08/4>*>>2-3*0/9/>>25-275<1			
货物或应税劳务、服务名称	规格型号	单位	数量	单价	金额	税率	税额
*软饮料*矿泉水	嘻哈哈	箱	2000	30.00	60,000.00	13%	7,800.00
合计					¥60,000.00		¥7,800.00
价税合计（大写）	⊗陆万柒仟捌佰元整				（小写）¥67,800.00		
销售方	名称：北京 公司 纳税人识别号： 地址、电话：北京西城区 开户行及账号：中国工商银行	备注	校验码 02817 06				

收款人： 捷　复核： 大彪　开票人： 捷

第一联：记账联 销售方记账凭证

图 3-1 增值税专用发票

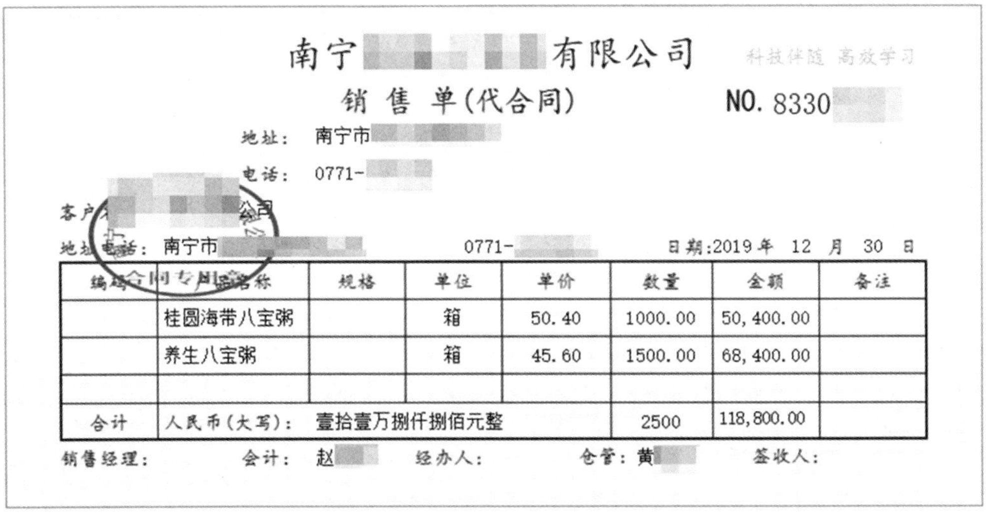

南宁 有限公司

销售单(代合同)

NO. 8330

地址：南宁市

电话：0771-

客户名称： 公司

地址电话：南宁市 0771- 日期:2019 年 12 月 30 日

编码	品名称	规格	单位	单价	数量	金额	备注
	桂圆海带八宝粥		箱	50.40	1000.00	50,400.00	
	养生八宝粥		箱	45.60	1500.00	68,400.00	
合计	人民币(大写)：	壹拾壹万捌仟捌佰元整			2500	118,800.00	

销售经理：　会计：赵　经办人：　仓管：黄　签收人：

图 3-2 收据（销售单）

（1）一次原始凭证又称一次凭证，是指一次填制完成的原始凭证，通常只记载一项经济业务或同时记载若干项同类经济业务。例如，领料单（见表 3-1）、发票等。所有的外来原始凭证和大部分自制原始凭证都属于一次原始凭证。一次原始凭证使用方便灵活，但只能反映一项业务的内容，数量较多，核算较烦琐。

表 3-1 领料单

领料单位：　　　　　　　　　　　　　　编号：

用　　途：　　　　　　　　　　　　　　仓库：

材料类别	材料编号	材料名称	规格	计量单位	数量		单价	金额
					请领	实发		

记账：　　　　发料：　　　　领料单位负责人：　　　　领料：

（2）累计原始凭证又称累计凭证，是指连续记载一定时期内不断重复发生的同类经济业务，填制手续是在一张凭证中多次进行才能完成的凭证。例如，限额领料单是在会计实务中最常见的累计凭证，如表 3-2 所示。使用累计原始凭证，可以随时登记发生的经济业务并计算累计数，同时可以将期末计算总数作为记账的依据，因此能减少凭证数量，简化凭证填制手续。

表 3-2 限额领料单

领料单位：　　　　　　　　　　　　　　编号：

用　　途：　　　　　　　　　　　　　　仓库：

材料类别	材料编号	材料名称	规格	计量单位	单价	领料限额	全月实领	
							数量	金额
日期	请领			实发			限额结余	
	数量	领料单位负责人签章	领料人签章	数量	发料人签章			

生产计划部门负责人：　　　　　　　　　　仓库负责人：

（3）汇总原始凭证又称原始凭证汇总表，是指根据一定时期（每周或每月）若干张反映同类性质经济业务的原始凭证汇总编制而成的原始凭证。例如，月末根据月内所有领料单汇总编制的领料单汇总表（见表 3-3），就是汇总原始凭证。汇总原始凭证可以简化编制记账凭证的手续，但它本身不具备法律效力。

表 3-3 领料单汇总表

年　月　日

会计科目	领料部门	原材料	燃料	合计
基本生产成本	一车间			
	二车间			
	小计			
辅助生产成本	供电车间			
	供水车间			
	小计			

续表

会计科目	领料部门	原材料	燃料	合计
制造费用	一车间			
	二车间			
	小计			
合计				

会计负责人：　　　　复核：　　　　制表：

1.2.2　记账凭证

记账凭证是会计部门根据原始凭证填制，记载经济业务的简要内容，确定会计分录，并将其作为记账依据的会计凭证。

记账凭证又称分录凭证、记账凭单，是指由会计部门根据审核无误的原始凭证或汇总原始凭证编制，按照登记账簿的要求确定账户名称、记账方向（应借、应贷）和金额的一种记录，它是登记明细分类账和总分类账的依据。

1. 记账凭证按其用途不同，可以分为专用记账凭证和通用记账凭证两类

（1）专用记账凭证是指分类反映经济业务的记账凭证。这种记账凭证按其反映经济业务的内容不同，又可分为收款凭证、付款凭证和转账凭证。

①收款凭证是反映货币资金收入业务的记账凭证，如表 3-4 所示。

表 3-4　收款凭证

借方科目：　　　　年　月　日　　　　收字第　号

摘要	贷方科目		记账	金额
	总分类科目	明细分类科目		
合计				

附件　张

会计主管：　　记账：　　出纳：　　审核：　　制单：

②付款凭证是反映货币资金付出业务的记账凭证，如表 3-5 所示。

表 3-5　付款凭证

贷方科目：　　　　年　月　日　　　　付字第　号

摘要	借方科目		记账	金额
	总分类科目	明细分类科目		
合计				

附件　张

会计主管：　　记账：　　出纳：　　审核：　　制单：

③转账凭证是反映不涉及货币资金收付业务的其他转账业务的记账凭证，如表 3-6 所示。

表 3-6　转账凭证

年　月　日　　　　转字第　号

摘　要	总分类科目	明细分类科目	记　账	借方金额	贷方金额
合计					

附件　张

会计主管：　记账：　出纳：　审核：　制单：

（2）通用记账凭证是指用来反映所有经济业务的记账凭证。

在采用通用记账凭证的企业中，无论会计交易或事项是收款业务、付款业务，还是转账业务，所编制的记账凭证均应采用通用记账凭证。通用记账凭证与上述转账凭证的格式基本相同，但名称为“记账凭证”。

2. 记账凭证按其填列会计科目的数目不同，可以分为单式记账凭证和复式记账凭证两类

（1）单式记账凭证是指在一张记账凭证上只填列每笔会计分录中的一方科目，其对应科目只作参考，不据以记账。填列借方账户的单式记账凭证被称为借项记账凭证，填列贷方账户的单式记账凭证被称为贷项记账凭证。每笔会计分录至少要填制两张单式记账凭证，并采用一定的编号方法将其联系起来，以便查对。借项记账凭证与贷项记账凭证的格式如表 3-7、表 3-8 所示。

表 3-7　借项记账凭证

对应科目：　　　　年　月　日　　　　编号

摘　要	总分类科目	明细分类科目	金　额	记　账

附件　张

会计主管：　记账：　出纳：　审核：　制单：

表 3-8　贷项记账凭证

对应科目：　　　　年　月　日　　　　编号

摘　要	总分类科目	明细分类科目	金　额	记　账

附件　张

会计主管：　记账：　出纳：　审核：　制单：

采用单式记账凭证，便于汇总每个会计科目的借方发生额和贷方发生额，便于分工记账，但由于凭证张数多、内容分散，在一张凭证上不能完整地反映一项经济业务的全貌，不易保管，填制凭证的工作量较大，故使用的单位较少。

（2）复式记账凭证是指将一项经济业务所涉及的应借、应贷的各个会计科目，都集中填列在一张凭证中的记账凭证。其优点是在一张凭证上完整地反映一项经济业务的全

貌，且填写方便、附件集中，便于凭证的分析及审核。其缺点是不便于分工记账和科目汇总。

3. 记账凭证按其包括的内容不同，可以分为单一记账凭证、汇总记账凭证和科目汇总表（又称记账凭证汇总表、账户汇总表）三类

（1）单一记账凭证是指只包括一项经济业务的会计分录记账凭证。上述的专用记账凭证和通用记账凭证，均为单一记账凭证。

（2）汇总记账凭证是指根据一定时期内同类单一记账凭证（包括通用和专用）定期加以汇总而重新编制的记账凭证。其目的是简化总分类账的登记手续。汇总记账凭证又可进一步分为汇总收款凭证、汇总付款凭证和汇总转账凭证，如表 3-9 至表 3-11 所示。

表 3-9　汇总收款凭证

借方科目：　　　　　　　　　　年　月　日　　　　　　　　　　第　号

贷方科目	金　额				总账页码	
	（1）	（2）	（3）	合计	借方	贷方

附注：（1）自　日至　日　收款凭证共计　张

（2）自　日至　日　收款凭证共计　张

（3）自　日至　日　收款凭证共计　张

表 3-10　汇总付款凭证

贷方科目：　　　　　　　　　　年　月　日　　　　　　　　　　第　号

借方科目	金　额				总账页码	
	（1）	（2）	（3）	合计	借方	贷方

附注：（1）自　日至　日　付款凭证共计　张

（2）自　日至　日　付款凭证共计　张

（3）自　日至　日　付款凭证共计　张

表 3-11　汇总转账凭证

贷方科目：　　　　　　　　　　年　月　日　　　　　　　　　　第　号

借方科目	金　额				总账页码	
	（1）	（2）	（3）	合计	借方	贷方

附注：（1）自　日至　日　转账凭证共计　张

（2）自　日至　日　转账凭证共计　张

（3）自　日至　日　转账凭证共计　张

（3）科目汇总表是指根据一定时期内所有的记账凭证定期加以汇总而重新编制的记账凭证。其目的也是简化总分类账的登记手续，如表 3-12 所示。

表 3-12　科目汇总表

年　月　日至　日　　　　记账凭证　　　　自　号至　号　　共　张

账户名称	总账页数	本期发生额			
		借　方	金　额	贷　方	金　额

任务 2　填制与审核原始凭证

2.1　原始凭证的基本内容

原始凭证是指根据经济业务活动的执行和完成情况填制的，具有法律效力的书面证明。经济业务的内容是多种多样的，记录经济业务的原始凭证所包含的具体内容也各不相同。但每一种原始凭证都必须客观、真实地记录和反映经济业务的发生、完成情况，都必须明确有关单位、部门及人员的经济责任。这些共同的要求，决定了每种原始凭证都必须具备以下几项基本内容。

（1）原始凭证的名称。

（2）填制凭证的日期及凭证的编号。

（3）填制单位的名称或接受凭证单位的名称。

（4）经济业务的内容、数量、计量单位、单价和金额。

（5）经办人员签章，或单位公章，或业务章。

为了满足计划、统计等其他业务工作的需要，有些原始凭证除了包括上述基本内容，还要列入一些补充内容。例如，在原始凭证上，还要注明与该项经济业务有关的计划指标、预算项目和经济合同等。

2.2　原始凭证的填制

我国《会计法》第十四条规定：原始凭证记载的各项内容均不得涂改；原始凭证有

错误的，应当由出具单位重开或者更正，更正处应当加盖出具单位印章；原始凭证金额有错误的，应当由出具单位重开，不得在原始凭证上更正。为了正确、完整、清晰地记录各项经济业务，发挥原始凭证应有的作用，原始凭证的填制应遵循下列要求。

1. 记录真实，手续完备

凭证上记载的经济业务，必须与实际情况相符合，原始凭证上填制的日期、业务内容和数字，必须真实可靠。经办人和有关部门负责人都要在凭证上签字或盖章，对凭证的真实性、正确性负责。从外单位取得的原始凭证，必须有填制单位的公章或财务专用章；由个人提供的原始凭证，必须有填制人的签名或盖章。自制原始凭证，必须有部门负责人和经办人的签名或盖章；对外开出的原始凭证，必须加盖本单位的公章或有关部门的专用章。

2. 内容齐全，书写规范

凭证中的基本内容和补充内容都要详尽地填写齐全，不得漏填或省略不填。如果项目填写不全，则不能作为经济业务的合法证明，也不能作为有效的会计凭证。原始凭证上的文字要按规定书写，字迹要清晰、工整，易于辨认，不得使用未经国务院颁布的简化字。书写的要求具体包括以下几个方面。

（1）要用蓝黑墨水书写，支票要用碳素墨水书写，字迹必须清晰、工整。

（2）阿拉伯数字不得连笔书写，单位对外开具的原始凭证和外来原始凭证，阿拉伯金额数字前应当书写货币币种符号，币种符号与阿拉伯数字之间不得留有空白。

（3）所有以人民币为单位的阿拉伯数字，除表示单价等情况外，一律填写到角分，无角分的要以“0”补位。

（4）汉字大写金额数字，一律用正楷字或行书字书写，如壹、贰、叁、肆、伍、陆、柒、捌、玖、拾、佰、仟、万、亿、元、角、分、零、整。大写金额最后为“元”的应加写“整”字断尾。

（5）阿拉伯金额数字中间有“0”时，汉字大写金额要写“零”字，如¥1 409.50，汉字大写金额应写成“人民币壹仟肆佰零玖元伍角”；阿拉伯金额数字中间连续有几个“0”时，汉字大写金额中可以只写一个“零”字，如¥4 005.34，汉字大写金额应写成“人民币肆仟零伍元叁角肆分”；阿拉伯金额数字元位是“0”或者数字中间连续有几个“0”，元位也是“0”，但角位不是“0”时，汉字大写金额中可以只写一个“零”字，也可以不写“零”字，如¥5 000.63，汉字大写金额应写成“人民币伍仟元零陆角叁分”或者“人民币伍仟元陆角叁分”。

（6）凡是填有大写和小写金额的原始凭证，大写和小写金额必须一致。

（7）原始凭证记载的各项内容均不得涂改。原始凭证有错误的，应当由出具单位重开或者更正，更正处应当加盖出具单位印章。对于支票等重要的原始凭证若填写错误，一律不得在凭证上更正，应按规定的手续注销留存，另行重新填写。

3. 填制及时，连续编号

每项经济业务发生或完成后，经办业务的有关部门和人员必须及时填制原始凭证，做到不拖延、不积压，并按规定的程序将其送交会计部门。各种凭证都必须连续编号，以备查考。若凭证已预先印定编号，在需要作废时，应加盖“作废”戳印，并连同存根和其他各联全部保存，不得擅自撕毁。

原始凭证填制示范如图 3-3、图 3-4 所示。

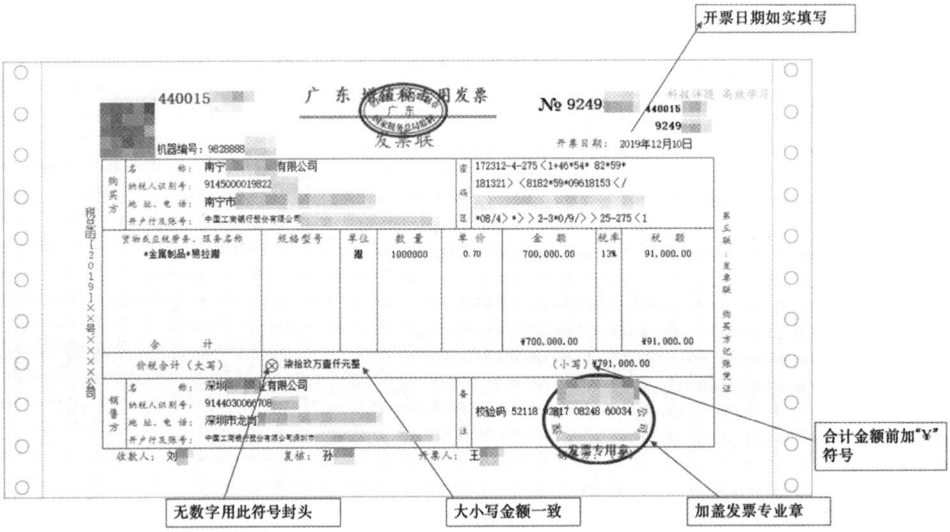

图 3-3 原始凭证填制示范 1

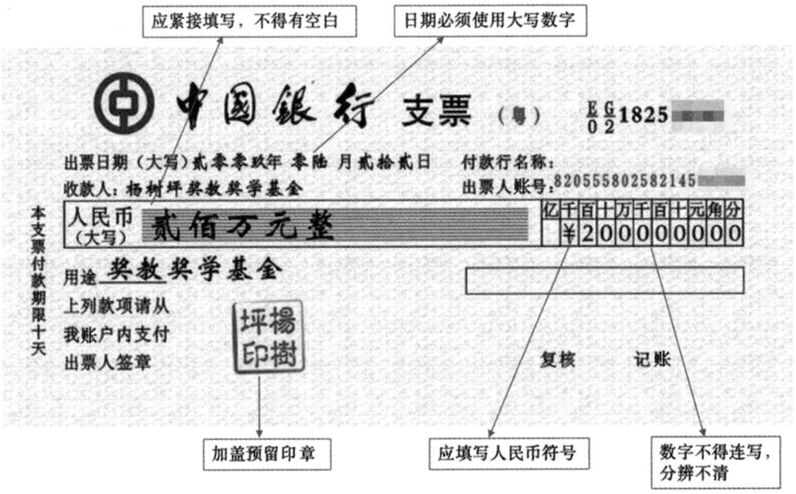

图 3-4 原始凭证填制示范 2

2.3 原始凭证的审核

为了保证原始凭证内容的真实性和合法性，防止不符合填制要求的原始凭证影响会计信息的质量，必须由会计部门对一切外来的和自制的原始凭证进行严格的审核。审核原始凭证不但是保证会计资料真实、可靠的重要措施，而且是发挥会计监督作用的重要手段，必须严肃认真地进行。

1. 审核原始凭证所反映的经济业务是否合法、合规、合理

审核时应以国家颁布的现行财经法规、会计制度及本单位的有关规则、预算和计划为依据。审核经济业务活动是否符合有关规定，有无弄虚作假、违规乱纪、贪污舞弊等行为；审核经济业务活动的内容是否符合规定的开支标准、审核权限和手续，有无背离经济效益原则和内部控制制度的要求。

2. 审核原始凭证的填制是否符合规定的要求

审核原始凭证是否具备作为合法凭证所必需的基本内容，所有应填项目是否填写完整，有关单位和人员是否已签字盖章；审查原始凭证上有关数量、单价、金额的填写是否清楚，计算是否正确，大、小写金额是否相符，数字和文字是否清晰。

原始凭证的审核是一项十分细致而严肃的工作，必须坚持原则、依法办事。对于不真实、不合法的原始凭证，会计人员有权不予受理，并向单位负责人报告；对于记载不准确、不完整的原始凭证应予以退回，并要求按照国家统一的会计制度规定更正、补充。原始凭证只有经审核无误后，才能作为编制记账凭证和登记明细分类账的依据。

任务3 记账凭证

3.1 记账凭证的基本内容

记账凭证是指会计人员根据审核无误的原始凭证及有关资料，对企业的经济业务按性质分类，确定会计分录，并据此登记账簿的会计凭证。记账凭证是登记账簿的直接依据。由于记账凭证所反映的经济业务内容不同，因而在具体格式上也有一些差异，但所有的记账凭证必须具备下列基本内容，以满足记账的要求。

（1）记账凭证的名称。

（2）填制凭证的日期和凭证的编号。

（3）经济业务的内容摘要。

（4）会计科目、借贷方向和金额。

（5）所附原始凭证的张数。

（6）填制单位的名称及有关人员的签章。

3.2 记账凭证的填制

3.2.1 专用记账凭证的填制方法

1. 收款凭证的填制方法

收款凭证按照借方科目设置，并分设库存现金科目和银行存款科目，这两个科目分别填制。现金收款业务，在“借方科目”栏填“库存现金”科目，在“贷方科目”栏填与“库存现金”科目相对应的贷方会计科目；银行存款收款业务，在“借方科目”栏填“银行存款”科目，在“贷方科目”栏填与“银行存款”科目相对应的贷方会计科目。收款凭证示例如表 3-13 所示。

表 3-13　收款凭证示例

借方科目：　　　　　　　　　　年　　月　　日　　　　　　　　　　字第　号

摘　要	总分类科目	明细分类科目	√	贷方金额									
				千	百	十	万	千	百	十	元	角	分
合　计													

附件　张

会计主管：　　记账：　　出纳：　　审核：　　制单：

2. 付款凭证的填制方法

付款凭证按照贷方科目设置，并分设库存现金科目和银行存款科目，这两个科目分别填制。现金付款业务，在“贷方科目”栏填“库存现金”科目，在“借方科目”栏填与“库存现金”科目相对应的借方会计科目；银行存款付款业务，在“贷方科目”栏填“银行存款”科目，在“借方科目”栏填与“银行存款”科目相对应的借方会计科目。付款凭证示例如表 3-14 所示。

表 3-14 付款凭证示例

贷方科目： 年 月 日 字第 号

摘要	总分类科目	明细分类科目	√	借方金额									
				千	百	十	万	千	百	十	元	角	分
合 计													

附件 张

会计主管： 记账： 出纳： 审核： 制单：

3. 转账凭证的填制方法

利用借贷记账法，将经济业务所涉及的会计科目全部填列在凭证内，借方科目在前（上）贷方科目在后（下），将各会计科目所记应借、应贷的金额分别填在“借方金额”或“贷方金额”栏内。借方金额合计与贷方金额合计应相等。转账凭证示例如表 3-15 所示。

表 3-15 转账凭证示例

年 月 日 字第 号

摘要	总分类科目	明细分类科目	√	借方金额										√	贷方金额									
				千	百	十	万	千	百	十	元	角	分		千	百	十	万	千	百	十	元	角	分
合 计																								

附件 张

会计主管： 记账： 出纳： 审核： 制单：

3.2.2 通用记账凭证的填制方法

通用记账凭证的格式类似于转账记账凭证，凭证的要素、内容与转账凭证基本相同，只是反映的内容不再受交易或事项类别的限制，只需要在记账凭证上直接填制会计分录，并相应地填好其他内容即可。

与专用记账凭证相比，通用记账凭证的优点在于：（1）凭证种类单一，格式简化，填制方法易于掌握；（2）记账凭证无须再细分为收、付、转三种，可降低其印刷成本；（3）通用记账凭证的适用范围广泛，尤其是在使用电子会计处理系统的企业中，通用记账凭证具有不可比拟的优势。

3.2.3 记账凭证的填制要求

记账凭证是进行会计处理的直接依据，记账凭证的填制除了应做到“真实可靠、内容完整、填写及时、书写清楚”，还必须注意遵守以下基本要求。

（1）记账凭证的摘要应简明扼要、字迹清晰、正确表达。经济业务的主要内容既要防止简而不明，又要避免过于烦琐。

（2）准确填写会计分录。必须按会计制度统一规定的会计科目填写，不得任意简化或改动，不得只写会计科目编号，不写会计科目名称，明细分类科目也要填写齐全；同时注明记账方向，便于记账。

（3）采用专用记账凭证，可按凭证类别分类编号，每月从收字第 1 号、付字第 1 号和转字第 1 号编起；采用通用记账凭证，可按全部经济业务发生的先后顺序编号，每月从第 1 号编起。若一项经济业务需填制多张记账凭证，可采用“分数编号法”，即按该项经济业务的记账凭证数量编列分号。例如，某项经济业务需要编制 3 张转账凭证，凭证的序号为 2 号时，这三张转账凭证的编号应分别为转字第 2（1/3）号、转字第 2（2/3）号、转字第 2（3/3）号。

（4）记账凭证所附的原始凭证必须完整无缺，并在凭证上注明所附原始凭证的张数，以便核对摘要及所编会计分录是否正确无误。

（5）记账凭证中必须有填制人员、审核人员、记账人员和会计主管的签章。

记账凭证填制示范如图 3-5 所示。

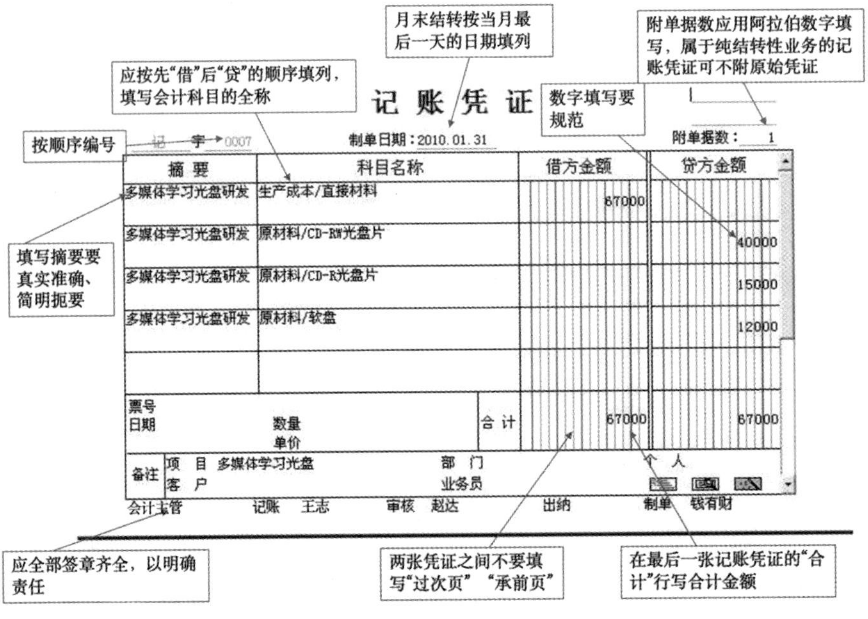

图 3-5 记账凭证填制示范

3.3　记账凭证的审核

记账凭证的审核是保证账簿记录真实、准确的前提和基础。为了保证账簿记录的正确性，以及会计信息的质量，记账前必须由专人对已编制的记账凭证进行认真、严格的审核。审核的内容主要包括以下几个方面。

（1）审核记账凭证是否附有原始凭证，记账凭证与所附原始凭证在经济内容和金额上是否一致。

（2）审核记账凭证中的会计科目使用是否正确，应借、应贷金额是否一致，账户对应关系是否清晰，核算的内容是否符合会计制度规定。

（3）审核记账凭证中的有关项目是否填写齐全，有关人员是否都已签名或盖章。

在审核中若发现记账凭证有记录不全或错误的情形，应查明原因，予以重填或按规定的方法及时更正。只有经审核无误的记账凭证，才能予以记账。

任务 4　传递与保管会计凭证

4.1　会计凭证的传递

会计凭证的传递是指凭证从取得或填制时起，经过审核、记账、装订到归档保管时止，在单位内部各有关部门和人员之间按规定的时间、路线办理业务手续和进行处理的过程。正确、合理地组织会计凭证的传递，不仅有利于有关部门和人员及时了解经济业务活动的情况，加速对经济业务的处理，而且有利于加强各有关部门的经济责任，同时也有利于实现会计监督，以充分发挥会计的监督作用。

会计凭证的传递主要包括凭证的传递路线、传递时间和传递手续三个方面的内容。

1. 会计凭证的传递路线

各单位应根据经济业务的特点、机构设置、人员分工情况，以及经营管理上的需要，明确规定会计凭证的联次及其流程。换句话说，既要使会计凭证经过必要的环节进行审核和处理，又要避免会计凭证在不必要的环节停留，从而保证会计凭证沿着最简捷、最合理的路线传递。

2. 会计凭证的传递时间

会计凭证的传递时间是指各种凭证在各有关部门、环节所停留的最长时间。它应考虑各有关部门和人员，根据正常情况下办理经济业务所需要的时间来合理确定。明确会计凭证的传递时间可以有效防止拖延处理和积压凭证，保证会计工作的正常秩序，提高工作效率。一切会计凭证的传递和处理都应在报告期内完成，不允许跨期，否则将影响会计核算的准确性和及时性。

3. 会计凭证的传递手续

会计凭证的传递手续是指凭证传递过程中的衔接手续。具体来说，在会计凭证的传递过程中应该做到既完备严密又简便易行。凭证的收发、交接都应按一定的手续办理，以保证会计凭证的安全和完整。

会计凭证的传递路线、传递时间和传递手续，还应根据实际情况的变化及时加以修改，以确保会计凭证的科学化、制度化。

4.2 会计凭证的保管

会计凭证是各项经济活动的历史记录，是重要的经济档案。为了便于随时查阅利用，各种会计凭证在办理好各项业务手续并据以记账后，应由会计部门加以整理、归类，并送交档案部门妥善保管。为了防止会计凭证的散落丢失，保证会计凭证的安全和完整，必须认真负责地对其加以整理，妥善保管。会计凭证整理保管的要求如下所述。

（1）每月记账完毕，要将本月的记账凭证按编号顺序整理，检查有无缺号和附件是否齐全，装订成册，并加具封面、封底，注明单位名称、凭证种类、所属年月、起讫日期、起讫号码、凭证单数等。为防止任意拆装，应在装订处贴上封签，并由经办人员在封签处加盖骑缝章。

（2）若某些原始凭证过多，如收料单、发料单、工资单等，某些今后仍要使用的重要原始凭证，如合同、存出保证金收据等，也可另行装订或单独保管，但应在记账凭证中注明“附件另订”和原始凭证名称及编号。

（3）其他单位和个人经单位领导批准调阅会计凭证，要填写会计档案调阅表，详细填写调阅会计凭证名称、调阅日期、调阅人姓名和工作单位、调阅理由、归还日期，调阅人一般不得将会计凭证携带外出。

（4）外来原始凭证如有遗失，应当取得原开出单位盖有公章的证明，并注明原来凭证的号码、金额和内容等，由经办单位会计机构负责人和单位相关领导批准后，才能代替原始凭证。

（5）会计凭证要按照有关会计法规制度规定的期限进行保管。保管期满后，要报经上级主管部门批准后，方能销毁，必要时应由主管部门派人监销，并严格按照《会计档案管理办法》的规定进行。

【知识拓展】

会计档案

1. 会计档案的含义

会计档案是指会计凭证、会计账簿和财务会计报告等会计核算专业资料，是记录和反映企业、事业单位经济业务发生情况的重要史料和证据，属于单位的重要经济档案，是检查企业、事业单位过去经济活动的重要依据，也是国家档案的重要组成部分。

2. 会计档案的特点

（1）形成范围广泛。凡是具备独立会计核算的单位都要形成会计档案。这些单位包括国家机关、社会团体、企业、事业单位及按规定应当建账的个体工商户和其他组织。一方面会计档案在社会的各个领域无处不有，普遍存在；另一方面，会计档案的实体数量相对其他门类的档案数量更多一些，尤其是在商业、金融、财政、税务等单位，会计档案不仅是反映这些单位的职能活动的重要材料，而且产生的数量也多。

（2）档案类别稳定。在现代社会中，会计工作的种类繁多，如工业会计、商业会计、银行会计、税收会计、总预算会计、单位预算会计等，但是会计核算的方法、工作程序及所形成的会计核算材料的成分是一致的，即会计凭证、会计账簿、财务会计报告等。会计档案内容成分的稳定和共性，是其他门类档案无可比拟的。会计档案便于整理分类，有利于管理制度的制定和实际操作的规范、统一。

（3）外在形式多样。会计专业的性质决定了会计档案形式的多样化。会计的账簿有订本式账、活页式账、卡片式账之分。财务会计报告因为有文字、表格、数据，所以出现了 16 开或 8 开的纸张规格及计算机打印报表等。会计凭证在不同行业中，其外形大小各异、长短参差不齐。会计档案外形多样的特点，要求在会计档案的整理和保管方面，不能照搬、照抄管理其他门类档案的方法，而是要从实际出发，防止“一刀切”。

3. 会计档案的保管期限

会计档案的保管期限分为永久、定期两类。企业和其他组织会计档案保管期限，如表 3-16 所示。

表 3-16　企业和其他组织会计档案保管期限

序　号	档案名称	保管期限	备　注
1	会计凭证类		
（1）	原始凭证	15 年	
（2）	记账凭证	15 年	
（3）	汇总凭证	15 年	
2	会计账簿类		
（4）	总分类账	15 年	包括日记账

续表

序　号	档案名称	保管期限	备　注
(5)	明细分类账	15 年	
(6)	日记账	15 年	现金和银行存款日记账保管 25 年
(7)	固定资产卡片	—	固定资产投资清理后保管 5 年
(8)	辅助账簿	15 年	
3	财务会计报告类		包括各级主管部门汇总的财务会计报告
(9)	月、季度财务会计报告	3 年	包括文字分析
(10)	年度财务会计报告（决算）	永久	包括文字分析
4	其他类		
(11)	会计移交清册	15 年	
(12)	会计档案保管清册	永久	
(13)	会计档案销毁清册	永久	
(14)	银行余额调节表	5 年	
(15)	银行对账单	5 年	

基础知识测评

一、单项选择题

1．向银行提取现金准备发放职工工资的业务，应根据有关原始凭证填制（　　）。

A．收款凭证　　B．付款凭证

C．转账凭证　　D．收款和付款凭证

2．用转账支票支付前欠货款，应填制（　　）。

A．转账凭证　　B．收款凭证

C．付款凭证　　D．原始凭证

3．差旅费报销单属于（　　）。

A．记账凭证　　B．自制原始凭证

C．外来原始凭证　　D．累计凭证

4．记账凭证是（　　）的依据。

A．编制报表　　B．业务活动

C．登记账簿　　D．原始凭证

5．记账凭证应根据合法的（　　）填写。

A．收款凭证　　B．原始凭证

C．付款凭证　　D．转账凭证

二、多项选择题

1．原始凭证按其来源不同，可分为（　　）。

A．外来凭证　　B．自制凭证
C．通知凭证　　D．执行凭证

2．记账凭证按其反映经济业务的内容不同，可分为（　　）。
A．收款凭证　　B．付款凭证
C．转账凭证　　D．汇总凭证

3．记账凭证必须具备的基本要素包括（　　）。
A．填制单位的名称
B．填制凭证的日期
C．交易或事项的内容摘要
D．有关人员的签名盖章

4．如果某一笔交易或事项需填制两张记账凭证，该凭证序号为70号，则此两张记账凭证的编号应为（　　）。
A．70号　　B．均为70号
C．70（1/2）号　　D．70（2/2）号

5．会计凭证的传递是指从原始凭证的填制或取得时开始，经过（　　）到归档保管为止。
A．填制　　B．审核
C．记账　　D．装订

三、判断题

1．记账凭证既是记录交易或事项发生和完成情况的书面说明，也是登记账簿的依据。（　　）
2．当单位业务量较多时，一般使用收款凭证、付款凭证和转账凭证。（　　）
3．转账凭证是用于不涉及现金和银行存款收付业务的其他转账业务所用的记账凭证。（　　）
4．原始凭证的内容中应包括会计分录。（　　）
5．自制原始凭证是企业内部经办业务的部门和人员填制的凭证。（　　）

岗位能力测评

（一）练习记账凭证的填制。

某单位201×年8月发生下列经济业务。

（1）8月4日，收到A公司归还前欠货款20 000元，存入银行。
（2）8月9日，从B厂购入甲材料共计40 000元，增值税税率为13%，货款以商业承兑汇票支付。材料已验收入库。
（3）8月11日，从银行提取现金52 000元。

（4）8 月 16 日，销售一批甲产品共计 32 000 元，增值税税率为 13%，收到现金支票一张，已送存银行。

（5）8 月 22 日，一车间申领甲材料 18 000 元，用以生产甲产品。

（6）8 月 23 日，管理人员王某出差回来，报销差旅费 2 230 元，交回现金 270 元。

（7）8 月 26 日，向 C 公司销售一批产品共计 34 200 元，增值税税率为 13%，货款未收。

（8）8 月 29 日，以银行存款支付电费 1 240 元，水费 480 元。

要求：

（1）根据上述经济业务，确定应编制的记账凭证的种类。

（2）根据上述经济业务编制记账凭证。

（二）练习填制支票。

2019 年 7 月 6 日，大华科技有限责任公司通过中国工商银行南青市支行向金科实业有限责任公司付款 3 000 元购买原材料，出票人账号：051600032979，请根据原始凭证的填写要求，填写支票。

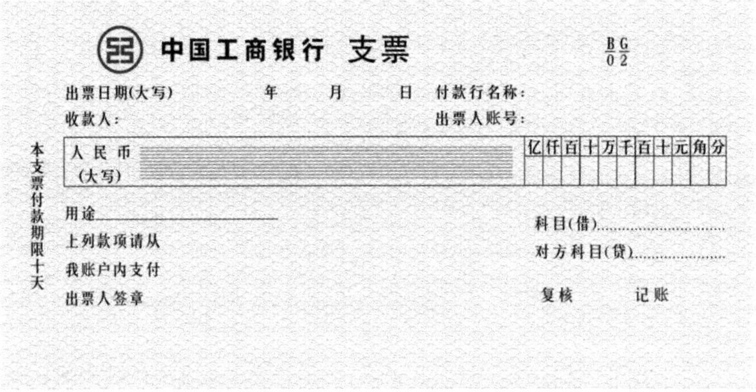
中国工商银行 支票　　BG 02

出票日期(大写)　年　月　日　付款行名称：

收款人：　出票人账号：

人民币（大写）	亿	仟	百	十	万	千	百	十	元	角	分

本支票付款期限十天

用途

上列款项请从

我账户内支付

出票人签章

科目(借)

对方科目(贷)

复核　记账

项目 4
借贷记账法的应用

岗位要求

知识目标

1. 了解企业主要经济业务流程。
2. 掌握主要业务的内容和核算方法。
3. 正确理解并掌握借贷记账法在业务核算中的运用。

能力目标

1. 能够进行筹资业务的核算。
2. 能够进行材料采购业务的核算及采购成本计算表的编制。
3. 能够进行生产业务的核算和产品成本的计算。
4. 能够进行销售业务的核算。
5. 能够进行其他经济业务的核算。
6. 能够进行财务成果的形成及分配的核算。

案例导入

李师傅开了一个加工厂，经过两年多的经营，加工厂的业务范围不断扩大，加工厂越办越红火、越办越正规，李师傅也被人们称为企业家了。最近，加工厂又获得了加工一批办公桌的订单。为此，加工厂购进了一批原材料，当月立刻开始了办公桌的生产。在生产过程中，车间领用了一批木材；加工厂支付生产工人的工资、车间管理人员的工资；加工厂另以银行存款支付了车间的水电费等；月末，该批办公桌全部完工，验收入库。

问题：

（1）请思考加工厂的生产经营过程有哪些?

（2）整个生产经营过程会发生哪些业务?

（3）每项业务涉及哪些账户？具体是如何核算的?

任务 1　工业企业的主要经济业务

为了全面完整地理解账户和复式记账法，我们将通过对工业企业的经营过程的核算，进一步说明账户和复式记账法的具体应用。

工业企业是依法自主经营、自负盈亏、独立核算的产品生产和经营的单位。工业企业的基本经济业务按其与生产经营过程及其经营资金运动的关系分类，主要包括筹资业务、材料物资采购业务、生产业务、销售业务及财务成果核算业务。

1.1　筹资业务

筹资即资金筹集，是企业经营资金全过程的起点。企业通过吸收投资、向债权人借款等方式筹集企业生产经营所必需的资金。投资者向企业投入资金，形成企业的所有者权益；企业向债权人借入的资金，形成企业的负债。

企业将筹集到的资金投入生产经营过程就形成了企业的经营资金。因此，投资者向企业投入资金、企业向债权人借入资金，就构成了筹资过程中的基本经济业务。

1.2　材料物资采购业务

材料物资采购业务即供应业务。在材料物资采购过程中，企业要购买原材料等为生产经营活动准备必要的劳动对象，此时资金从货币资金转化为储备资金。原材料采购业务以及与供应单位之间的货款结算业务，就构成了材料物资采购过程中的基本经济业务。

1.3　生产业务

在产品生产过程中，一方面通过对材料进行生产加工制造出各种工业产品，另一方面要发生各种生产费用，主要包括材料费用、工资费用、固定资产折旧及其他各种费用等。这些费用需要按一定的标准分配、归集到各种产品中，以计算各种产品的生产成本。这时，随着生产费用的支出及产品的加工制成，资金就从储备资金转化为生产资金和成品资金。因此，生产费用的发生、归集与分配，产品成本的计算，完工产品的验收入库等就构成了产品生产过程中的基本经济业务。

1.4　销售业务

在销售过程中，企业将产品投放市场，销售给购货单位以获得销售收入。此时，资金又从成品资金转化为货币资金，完成一次资金循环。因此，取得销售收入、发生各种销售费用、交纳销售税金以及由此发生的企业与其他单位之间的结算业务，就构成了销售过程中的基本经济业务。

1.5　财务成果核算业务

在产品销售过程结束后，企业应将实现的各种收入和产生的各项费用进行对比，计算企业的最终经营成果，并进行合理分配。因此，计算盈亏、交纳所得税、进行利润分配等构成了财务成果核算过程中的基本经济业务。

下面以工业企业的基本经济业务为例，说明会计日常核算中应开设哪些账户，以及如何运用借贷记账法对这些账户进行账务处理。

任务 2　筹资业务的核算

2.1　筹资业务核算的主要内容

筹资业务是企业的主要经济业务之一，每个企业都必须拥有一定数量的经营资金作为企业从事经营活动的物质基础。企业筹资是指企业根据其生产经营、对外投资和调整资金结构等方面的需要，通过资金市场和筹资渠道，运用筹资方式，经济有效地筹集资金的过程。企业资金主要来源于两大渠道：一是企业所有者投入；二是向债权人借入。前者形成企业所有者权益的主要部分，构成企业的实收资本或股本；后者形成企业的负债。

我国实行资本金制度，设立企业必须有法定的资本。法定的资本额是经工商行政管理部门核准的资本总额。投资者依据法定的资本额投入的资金构成企业的实收资本或股本。这些资金是保证企业正常经营的必要条件，也是企业承担经营风险的物资保证。投资者可以以货币、实物资产、无形资产等方式向企业投资。

企业为保持合理的资本结构或满足资金周转的临时需要，一部分资金需要以负债的方式形成。企业借入的资金主要来源于银行或其他金融机构的各种借款。企业的借款按偿还期限的长短可分为短期借款和长期借款。

综上所述，筹资业务的主要内容是实收资本业务的核算和借入资金业务的核算。

2.2 实收资本业务的核算

2.2.1 账户设置

为了核算所有者投入的资本金，企业应设置“实收资本”“资本公积”“固定资产”“无形资产”等账户。

1. “实收资本”账户

“实收资本”账户属于所有者权益类账户，用来核算企业所有者（投资人）投入企业的资本金情况。本账户应按投资人设置明细分类账户。

“实收资本”账户的结构用“T”形账户列示如下。

借方	实收资本 贷方
登记企业经批准减少的资本金数额	登记企业实际收到的资本金数额，以及由资本公积、盈余公积转增的资本
	余额：表示企业资本金的实际结存数额

2. “资本公积”账户

“资本公积”账户属于所有者权益类账户，用来核算企业所有者投入的资金超过其在注册资本中所占份额的部分。本账户应按资本公积形成的类别设置明细分类账户。

“资本公积”账户的结构用“T”形账户列示如下。

借方	资本公积 贷方
登记企业资本公积的减少数额	登记企业资本公积的增加数额
	余额：表示企业资本公积的实际结存数额

3. “固定资产”账户

“固定资产”账户属于资产类账户，用来核算企业持有固定资产原值的增减变动和结存情况。本账户应按固定资产品种设置明细分类账户。

“固定资产”账户的结构用“T”形账户列示如下。

借方	固定资产 贷方
固定资产原值的增加数额	固定资产原值的减少数额
余额：结存的固定资产原值	

4. “无形资产”账户

“无形资产”账户属于资产类账户，用来核算企业持有的无形资产成本，包括专利权、非专利技术、商标权、著作权、土地使用权等。本账户应按无形资产项目设置明细分类账户。

“无形资产”账户的结构用“T”形账户列示如下。

借方　　　　　　无形资产	贷方
无形资产成本的增加数额	无形资产成本的减少数额
余额：结存的无形资产成本	

2.2.2　实收资本业务核算实例

【例 4-1】蓝天公司收到股东新增投资 4 000 000 元，全部存入公司的开户银行。

这项经济业务发生后，一方面使公司的银行存款增加了 4 000 000 元，应借记“银行存款”科目，另一方面使公司所有者权益要素中的投资者投入资本增加了 4 000 000 元，应贷记“实收资本”科目。会计分录如下。

借：银行存款　　　　　　　　4 000 000

　　贷：实收资本　　　　　　　　4 000 000

【例 4-2】蓝天公司收到某企业投入的房屋一座，投出单位账面原价为 550 000 元，已提折旧 40 000 元，双方协议确认房屋的价值为 510 000 元，已投入使用。

投资者是以固定资产进行投资的，“固定资产”账户按合同、协议的价值或评估确认的价值入账。因此，这项经济业务发生后，一方面使公司的固定资产增加了 510 000 元，应借记“固定资产”科目；另一方面使公司所有者权益要素中的投资者投入资本增加了 510 000 元，应贷记“实收资本”科目。会计分录如下。

借：固定资产　　　　　　　　510 000

　　贷：实收资本　　　　　　　　510 000

【例 4-3】蓝天公司收到某企业的专利技术投资，评估确认其价值为 60 000 元，已办理有关专利技术的投资手续。

这项经济业务发生后，一方面使公司的无形资产增加了 60 000 元，应借记“无形资产”科目，另一方面使公司的资本投资增加了 60 000 元，应贷记“实收资本”科目。会计分录如下。

借：无形资产　　　　　　　　60 000

　　贷：实收资本　　　　　　　　60 000

【例 4-4】经批准，蓝天公司用资本公积 20 000 元转增资本金。

这项经济业务说明：公司用资本公积转增资本使资本金增加，应贷记“实收资本”科目；同时，资本公积减少，应借记“资本公积”科目。会计分录如下。

借：资本公积　　　　　　　　　　　　20 000

　　贷：实收资本　　　　　　　　　　　　20 000

2.3 借入资金业务的核算

2.3.1 主要账户设置

为了核算所有者投入的资本金，企业应设置“短期借款”“财务费用”“长期借款”等账户。

1. “短期借款”账户

“短期借款”账户属于负债类账户（流动负债），用来核算企业向银行或其他金融机构借入的期限在一年以内或者超过一年的一个营业周期以内的各种借款。本账户应按债权人设置明细分类账户，并按借款种类进行明细核算。

“短期借款”账户的结构用“T”形账户列示如下。

借方　　　　　　　　　　短期借款　　　　　　　　　　贷方

登记偿还借款的数额	登记借入款项的数额
	余额：表示尚未偿还的短期借款余额

2. “财务费用”账户

“财务费用”账户属于损益类（费用）账户，用来核算企业为筹集生产经营所需资金等而发生的利息支出等费用。

“财务费用”账户的结构可用“T”形账户列示如下。

借方　　　　　　　　　　财务费用　　　　　　　　　　贷方

登记确认发生的利息支出等各项财务费用	期末转入“本年利润”账户的金额
期末无余额	

3. “长期借款”账户

“长期借款”账户属于负债类账户（非流动负债），用来核算企业向银行或其他金融机构借入的期限在一年以上（不含一年）的各项借款（含本金及计提的借款利息）。本账户应按照贷款单位和贷款种类进行明细核算。

“长期借款”账户的结构可用“T”形账户列示如下。

借方　　　　　　　　　　长期借款　　　　　　　　　　贷方

登记归还长期借款本金及利息调整	登记借入长期借款本金及利息调整
	余额：表示尚未偿还的长期借款

2.3.2 借入资金业务核算实例

【例 4-5】20××年 12 月 1 日，蓝天公司从银行借入期限为 6 个月、年利率为 6%的借款 100 000 元，次年 5 月到期，款项已存入公司银行账户。借款到期一次还本付息。

这项经济业务的发生，一方面使公司的银行存款增加了 100 000 元，应借记“银行存款”科目；另一方面使公司的短期借款增加了 100 000 元，应贷记“短期借款”科目。会计分录如下。

借：银行存款 100 000

  贷：短期借款 100 000

【例 4-6】蓝天公司 12 月 31 日预提本月应负担的短期借款利息费用 500 元（100 000×6%×1/12）。

公司借入上述短期借款后，必须承担支付利息的义务。按照权责发生制原则，短期借款利息不能一次计入某月的成本费用中，而必须分别计入各月的成本费用中。在发生利息费用时，通过“财务费用”账户进行核算。同时，由于短期借款的利息是受益在前、支付在后的费用，故通过“应付利息”账户进行核算。

因此，这项经济业务的发生，一方面使公司的财务费用增加了 500 元，应借记“财务费用”科目；另一方面使公司的应付利息增加了 500 元，应贷记“应付利息”科目。会计分录如下。

借：财务费用 500

  贷：应付利息 500

同理，蓝天公司应于次年 1—5 月每月月末预提当月应负担的短期借款利息，每月利息金额及会计分录同 12 月。

【例 4-7】次年 5 月 31 日短期借款到期，蓝天公司以银行存款归还短期借款本金 100 000 元及全部利息。

公司归还借款，则公司负债减少，故应借记“短期借款”来表示归还本金；同时，公司还应支付全部借款利息（每月分摊 500 元，6 个月共计 3 000 元），即应付利息减少了 3 000 元，所以还应借记“应付利息”、贷记“银行存款”等科目。会计分录如下。

借：短期借款 100 000

  应付利息 3 000

  贷：银行存款 103 000

【例 4-8】蓝天公司向银行借入两年期借款 860 000 元，已办妥借款手续，款项已转存公司银行账户。

公司将借款存入银行账户，一方面使公司的银行存款增加，应借记“银行存款”科目；另一方面说明公司的长期借款增加，应贷记“长期借款” 科目。会计分录如下。

借：银行存款　　　　　　　　　　　　860 000

　　贷：长期借款——本金　　　　　　　　　　860 000

任务3　供应业务的核算

3.1　供应业务核算的主要内容

供应过程又被称为采购过程，是指从采购材料物资开始，直到材料物资验收入库为止的整个过程。它的主要任务是组织采购材料物资并正确储备，以保证生产经营的需要。在这个过程中，企业一方面要从供应单位购进各种材料物资；另一方面要支付材料物资的买价和各种采购费用，与供应单位发生结算业务。因此，供应过程业务核算的主要内容包括以下两个方面。

（1）核算和监督材料物资的买价和采购费用，确定采购成本，考核有关采购计划的执行情况。

（2）核算和监督与供应单位的货款结算，以及在供应阶段购进材料物资对储备资金的占用。

企业一旦支付或承付了所购材料物资的款项，就取得了该项材料物资的所有权，可以将其作为一项资产加以确认。材料物资作为资产被确认的同时，还涉及其自身的计量问题。一般情况下，材料物资作为资产按实际成本计价，即按购进时的实际支出计价，包括从支付货款开始到材料物资验收入库为止的全部支出，这些支出通常被称为材料物资的采购成本。

3.2　材料物资采购成本的确认与计算

3.2.1　材料物资采购成本的确认

企业购入材料物资的采购成本通常由材料物资的买价和采购费用组成。

1. 材料物资的买价

材料物资的买价是指供应单位的发票价格（如果企业为增值税一般纳税人，购买材料时支付的增值税不应计入采购成本，应计入“应交税费”；如果企业为小规模纳税人，则购买材料时支付的增值税应计入采购成本）。（本教材如无特别提示，均表明企业为一般纳税人。）

2. 采购费用

（1）外地运杂费，具体包括采购材料物资时发生的运杂费、装卸搬运费、保险费、包装费、仓储费等费用。

（2）运输途中的合理损耗。

（3）入库前的挑选整理费用。

（4）按规定应计入采购成本的税金（如进口关税）。

3.2.2 材料物资采购成本的计算

材料物资采购成本的计算，就是将企业采购材料物资所支付的买价和采购费用，按照购入材料物资的种类、品种加以归集，计算采购材料物资的总成本和单位成本。

凡能分清材料种类、品种的，所支付的费用直接计入该种材料的采购成本；不能分清材料种类、品种的，如运杂费、装卸费等，按照一定的分配标准（如材料的重量、体积、买价等），分配计入各种材料的采购成本。

【例 4-9】蓝天公司向某工厂购入一批 A 材料 200 千克，每千克 50 元，增值税专用发票上所列买价共计 10 000 元，增值税 1 300 元，支付运杂费 800 元，入库前发生挑选整理人工费 200 元，所有款项均已支付，材料已验收入库。

则 A 材料的采购成本为 10 000+800+200=11 000（元），此时 A 材料的单位采购成本为 11 000/200=55（元）

【例 4-10】蓝天公司从 M 公司购入两种材料：甲材料 3 吨，单价 1 200 元/吨，增值税进项税额 468 元；乙材料 2 吨，单价 1 000 元/吨，增值税进项税额 260 元。两种材料发生运杂费共 500 元（按材料重量比例分配）。所有款项已付，材料已验收入库，入库前甲材料发生整理费 120 元。

根据采购费用分配原则，这项业务的运杂费需要按照材料重量比例进行分配。

（1）计算分配率。

$$费用分配率=\frac{应分配的运杂费}{甲材料重量+乙材料重量}=\frac{500}{3+2}=100元/吨$$

（2）计算分配运杂费。

甲材料应负担的运杂费：3×100 =300 元。

乙材料应负担的运杂费：2×100 =200 元。

（3）计算采购成本，如表 4-1 所示。

表 4-1 材料采购成本计算

材料名称	计量单位	数 量	买价（元）	采购费用		总成本（元）	单位成本（元）
				直接计入（元）	分配计入（元）		
甲	吨	3	3 600	120	300	4 020	1 340
乙	吨	2	2 000	0	200	2 200	1 100
合 计	−	5	5 600	120	500	6 220	−

甲材料的采购成本为 4 020 元，单位采购成本为 1 340 元。

乙材料的采购成本为 2 200 元，单位采购成本为 1 100 元。

3.3 供应业务核算的主要账户设置

为了进行供应业务的核算，应设置“在途物资”“原材料”“应付账款”“应交税费——应交增值税”等账户。

1.“在途物资”账户

“在途物资”账户属于资产类账户，用来核算企业利用实际采购成本进行材料日常核算、货款已付但尚未验收入库的在途物资的采购成本。本账户按在途材料物资的品种、规格分别设置明细分类账户，进行明细核算。

“在途物资”账户的结构可用“T”形账户列示如下。

借方	在途物资 贷方
购入材料物资的实际采购成本（包括买价和采购费用）	验收入库的转入“原材料”等账户的实际采购成本
余额：在途物资的实际采购成本	

2.“原材料”账户

“原材料”账户属于资产类账户，用来核算库存材料实际采购成本的收入、发出和结存情况。本账户应根据库存材料的品种、规格分别设置明细分类账户。

“原材料”账户的结构可用“T”形账户列示如下。

借方	原材料 贷方
入库材料的实际成本	发出材料的实际成本
余额：库存材料的实际成本	

3.“应付账款”账户

“应付账款”账户属于负债类账户，用来核算企业因购买原材料而发生的应付款项。

本账户可按债权人设置明细分类账户。

“应付账款”账户的结构可用“T”形账户列示如下。

借方　　应付账款	贷方
已偿还的款项	应付未付的款项
	余额：尚未归还的应付账款

4.“应交税费——应交增值税”账户

“应交税费——应交增值税”账户属于负债类账户，用来核算一般纳税人和小规模纳税人应交增值税计提、抵扣、转出及交纳等会计事项。本账户按核算内容设置专栏明细分类账户。

“应交税费——应交增值税”账户的结构可用“T”形账户列示如下。

借方　　应交税费——应交增值税	贷方
①增值税的进项税额 ②实际交纳的增值税税额	增值税的销项税额
	余额：应交而尚未交纳的增值税税额

3.4　供应业务核算实例

下面以 20××年 12 月蓝天公司在材料供应过程中发生的业务说明其账务处理情况。

【例 4-11】12 月 2 日，蓝天公司向江南工厂购入 A 材料 1 000 千克，每千克 40 元，共计买价 40 000 元，运杂费 900 元，支付增值税 5 200 元。价款、运杂费与税金以银行存款支付。

这项经济业务发生后，一方面已购进材料，取得其所有权，应按材料的采购成本登记资产的增加，记入“在途物资”账户的借方，按购进材料价支付的增值税登记负债的减少，记入“应交税费——应交增值税”账户的借方；另一方面款项已支付，使企业的银行存款减少，记入“银行存款”账户的贷方。

这项经济业务编制的会计分录如下。

借：在途物资——A 材料　　　　　　　　40 900

　　应交税费——应交增值税（进项税额）　5 200

　　贷：银行存款　　　　　　　　　　　　46 100

【例 4-12】12 月 5 日，所购材料点验无误，质量合格，验收入库。

材料验收后，一方面库存材料增加，应记入“原材料”账户的借方；另一方面材料采购结束，需结转材料采购成本，应记入“在途物资”账户的贷方。

这项经济业务编制的会计分录如下。

借：原材料——A 材料　　　　　　　　　　40 900

　　贷：在途物资——A 材料　　　　　　　　　　40 900

【例 4-13】12 月 6 日，蓝天公司向东方工厂购入 B 材料 2 000 千克，每千克 52 元，共计买价 104 000 元，运杂费 1 800 元，应付增值税 13 520 元，价款、运杂费与税金尚未支付。

购入材料后，虽然货款尚未支付，但采购成本已经发生，因此必须记入“在途物资”账户的借方。尚未支付的货款是企业对供应单位的债务，应记入“应付账款”账户的贷方。

这项经济业务编制的会计分录如下。

借：在途物资——B 材料　　　　　　　　　105 800

　　应交税费——应交增值税（进项税额）　　13 520

　　贷：应付账款——东方工厂　　　　　　　　119 320

【例 4-14】12 月 10 日，所购 B 材料验收入库。

该项经济业务与前述【例 4-12】相同，会计分录如下。

借：原材料——B 材料　　　　　　　　　　105 800

　　贷：在途物资——B 材料　　　　　　　　　105 800

【例 4-15】12 月 15 日，以银行存款偿还前欠东方工厂的价款、税金和代垫运杂费 29 880 元。

这项经济业务发生后，一方面公司支付所欠的材料款项，使负债减少，应记入“应付账款”账户的借方；另一方面存款资产减少，应记入“银行存款”账户的贷方。

这项经济业务编制的会计分录如下。

借：应付账款——东方工厂　　　　　　　　29 880

　　贷：银行存款　　　　　　　　　　　　　　29 880

【例 4-16】12 月 23 日，蓝天公司向新宇公司购入下列材料：A 材料 500 千克，每千克 40 元，共计买价 20 000 元；B 材料 1 000 千克，每千克 51 元，共计买价 51 000 元。两种材料的运杂费共计 1 500 元，应付增值税 9 230 元。价款、运杂费及税金全部以银行存款支付。

该项经济业务除支付买价和增值税外，还需要支付运杂费 1 500 元。由于企业采购 A、B 两种材料，所以运杂费应在 A、B 两种材料之间进行分配。运杂费分配方法包括按材料的重量分配、按材料的价值量分配、按材料的体积分配等。本例假定运杂费按重量分配，分配步骤如下。

（1）计算分配率。

$$费用分配率=\frac{应分配的运杂费}{A材料重量+B材料重量}=\frac{1\,500}{500+1\,000}=1元/千克$$

（2）计算分配运杂费。

A 材料应负担的运杂费：500×1=500（元）

B 材料应负担的运杂费：1 000×1=1 000（元）

根据分配结果得出两种材料的采购成本如下。

A 材料采购成本：20 000+500=20 500（元）

B 材料采购成本：51 000+1 000=52 000（元）

这项经济业务编制会计分录如下。

借：在途物资——A 材料　　20 500
　　　　　　——B 材料　　52 000
　　应交税费——应交增值税（进项税额）　　9 230
　　贷：银行存款　　81 730

【例 4-17】12 月 26 日，在新宇公司所购的材料点验无误，质量合格，验收入库。

这项经济业务编制会计分录如下。

借：原材料——A 材料　　20 500
　　　　　——B 材料　　52 000
　　贷：在途物资——A 材料　　20 500
　　　　　　　　——B 材料　　52 000

上述经济业务除了在总分类账户中登记，还应当在“在途物资”“原材料”“应付账款”等账户所属的明细分类账户中进行平行登记。

任务 4　生产业务的核算

4.1　生产业务核算的主要内容

工业企业在整个生产经营活动中，都会产生各种类型的耗费，这些耗费可通称为费用。费用按经济用途可分为生产成本、销售费用、管理费用、财务费用四大类，如图 4-1 所示。

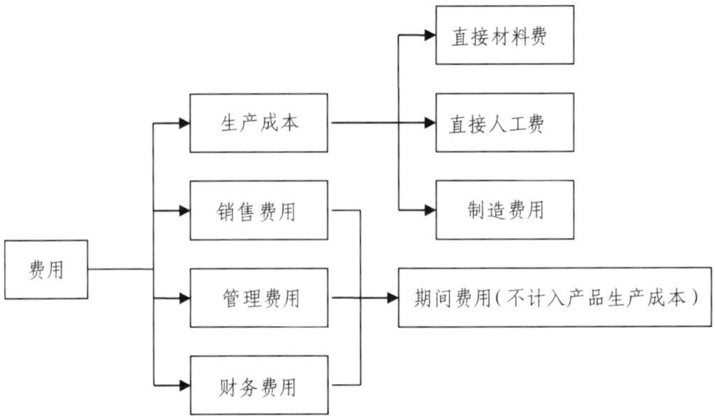

图 4-1 费用的分类

1. 生产成本

生产过程中的费用是指制造产品发生的各项费用，它们构成了产品的生产成本，具体包括直接材料费、直接人工费、制造费用。

直接材料费是指直接用于产品生产、构成产品实体的原材料、主要材料、外购半成品等其他直接材料。

直接人工费是指直接参加产品生产的工人工资，以及按生产工人工资和规定比例计提的职工福利费。

制造费用是指企业各生产车间等生产单位为组织和管理生产而发生的各项间接费用，如车间管理人员的工资和福利费、办公费、保险费、水电费、折旧费等。

通过对这些生产费用按照产品的品种进行归集和分配，计算出产品的生产成本，这就是生产业务的主要核算内容。

2. 期间费用

工业企业在生产经营过程中，除了发生构成产品生产成本的费用，因管理和保证生产的需要，必然会发生期间费用。期间费用是指不能直接归属于某个特定产品成本的费用，包括销售费用、管理费用、财务费用。这些费用容易确定其发生的期间，但难以判断其所归属的产品，而在发生的当期便从当期损益中扣除。

销售费用是指企业在销售产品和材料、提供劳务的过程中发生的各种费用。其具体包括企业在销售产品过程中发生的保险费、包装费、展览费和广告费、产品维修费、预计产品质量损失、运输费、装卸费等，以及为销售本企业产品而专设的销售机构（含销售网点、售后服务网点等）的职工薪酬、业务费、折旧费等经营费用。企业发生的与专设销售机构相关的固定资产修理费用等后续支出也属于销售费用。

管理费用是指企业为组织和管理生产经营活动而发生的各种费用，主要包括企业行政部门的职工薪酬、物料消耗、办公费、差旅费、折旧费、工会经费、劳动保险费、业务招待费、诉讼费等。企业生产车间（部门）和行政管理部门发生的固定资产修理费等后续支出，也作为管理费用核算。

财务费用是指企业为筹集生产经营所需资金而发生的筹资费用，主要包括利息支出（减利息收入）、银行及其他金融机构的手续费、汇兑损益、企业发生的现金折扣等。

通过以上分析，了解了各项费用的性质，我们可以简单总结一下，制造企业生产过程的核算，主要包含两项内容。

（1）归集、分配在一定时期内企业生产过程中发生的各项费用，包括直接材料、直接人工、制造费用。

（2）按一定种类的产品汇总各项费用，最终计算出各种产品的生产成本。

4.2 生产业务核算的主要账户设置

为了正确计算产品成本，应设置“生产成本”“制造费用”“库存商品”“管理费用”“应付职工薪酬”“累计折旧”等账户。

1. “生产成本”账户

“生产成本”账户属于成本类账户，用来核算企业在产品生产过程中所发生的全部费用及其结转情况。本账户应按成本计算对象（如产品品种）设置明细分类账户，用来核算各种产品的生产成本。通常，生产车间或分厂发生的直接材料费用和直接人工费用，直接计入有关产品成本；有时，也需要采用某种分配方法，将费用分配后计入有关产品成本。

“生产成本”账户的结构可用“T”形账户列示如下。

借方　　　　生产成本　　　　贷方

登记生产过程中所发生的产品费用，包括： ①直接材料 ②直接人工 ③制造费用等	登记已完工并验收入库的产品成本
余额：表示尚未完工的在产品的实际生产成本	

2. “制造费用”账户

“制造费用”账户属于成本类账户，用来核算企业的生产部门（生产车间）为生产产品或提供劳务而发生的除直接材料费用、直接人工费用等以外的各项间接费用。例如，企业生产部门（生产车间）发生的水电费、固定资产折旧、无形资产摊销、管理人员的职工薪酬、劳动保护费、国家规定的有关环保费用等。

本账户应按不同的生产部门（生产车间）设置明细分类账户，明细分类账户内按费用项目设置专栏，进行明细核算。制造费用发生在基本生产部门（生产车间），在核算中应注意与企业行政管理部门发生的管理费用区别开来。

“制造费用”账户的结构可用“T”形账户列示如下。

借方　　　　　　　　制造费用	贷方
登记生产过程中所发生的各项制造费用，包括： ①生产部门管理人员职工薪酬 ②生产部门固定资产折旧费 ③生产部门物料消耗 ④生产部门的办公费、水电费等 ⑤其他	登记于月末分配转入“生产成本”账户的制造费用
月末无余额	

3.“库存商品”账户

“库存商品”账户属于资产类账户，用来核算生产完工并验收入库的可供销售的商品，即产成品的收、发、存情况。本账户应按商品的种类、品种或规格设置明细分类账户。

“库存商品”账户的结构可用“T”形账户列示如下。

借方　　　　　　　　库存商品	贷方
登记完工入库商品的生产成本	登记已销售转出的商品的生产成本
余额：表示库存商品的生产成本	

4.“管理费用”账户

“管理费用”账户属于损益类科目，用来核算企业行政管理部门为组织和管理企业生产经营活动而发生的各项管理费用。本账户应按费用项目设置明细分类账户。

“管理费用”账户的结构可用“T”形账户列示如下。

借方　　　　　　　　管理费用	贷方
登记本期发生的各项管理费用	登记期末转入“本年利润”账户的金额
期末无余额	

5.“应付职工薪酬——职工工资、奖金、津贴和补贴”账户

“应付职工薪酬——职工工资、奖金、津贴和补贴”账户属于负债类账户，用来核算企业应付给职工的工资总额及工资费用的分配情况。企业往往月初发放上个月的工资，月底计提本月的工资。

“应付职工薪酬——职工工资、奖金、津贴和补贴”账户的结构可用“T”形账户列示如下。

借方	应付职工薪酬——职工工资、奖金、津贴和补贴 贷方
登记实际支付给职工的工资、奖金、津贴和补贴	登记计算企业应付给职工的工资（分配工资）、奖金、津贴和补贴
	余额：表示应付而未付的工资、奖金、津贴和补贴

6. “应付职工薪酬——职工福利费”账户

“应付职工薪酬——职工福利费”账户属于负债类账户，用来核算企业应付福利费的提取和实际支付情况。

“应付职工薪酬——职工福利费”账户的结构可用“T”形账户列示如下。

借方	应付职工薪酬——职工福利费 贷方
登记福利费的使用和实际支付数额	登记企业按规定提取的应付福利费
	余额：应付的福利费用的结余额

7. “累计折旧”账户

“累计折旧”账户是“固定资产”账户的备抵调整账户，它反映了现有固定资产损耗的价值。

“累计折旧”账户的结构可用“T”形账户列示如下。

借方	累计折旧 贷方
登记企业注销固定资产原值相应转销的累计已提折旧额（折旧的减少额）	登记企业各期固定资产折旧的提取数（折旧的增加额）
	余额：表示现有固定资产累计已提折旧额

4.3　生产业务核算实例

以下内容中所涉及例题以蓝天公司 20××年 12 月发生的业务为例。

4.3.1　材料耗用的核算

在生产过程中所需要的材料，应通过填制领料单向材料仓库领取。月末会计部门根据领料凭证“材料耗用汇总表”进行会计业务的处理。

【例 4-18】蓝天公司根据 20××年 12 月的领料凭证，编制“材料耗用汇总表”，如表 4-2 所示。

表 4-2　材料耗用汇总表

20××年 12 月

用　途		A 材料		B 材料		金额合计（元）
		数量（千克）	金额（元）	数量（千克）	金额（元）	
一、制造产品耗用	甲产品	6 000	120 000			120 000
	乙产品	2 000	40 000	3 000	45 000	85 000

续表

用　途	A 材料		B 材料		金额合计（元）
	数量（千克）	金额（元）	数量（千克）	金额（元）	
二、车间管理部门耗用	400	8 000	20	300	8 300
三、行政管理部门耗用			100	1 500	1 500
合计	8 400	168 000	3 120	46 800	214 800

根据上述“材料耗用汇总表”，将本月耗用的直接材料费用计入生产成本等费用中（凡成本费用的增加应记入有关科目的借方）。从“材料耗用汇总表”中可以看出以下两个方面的内容。一方面，甲产品耗用的 120 000 元材料、乙产品耗用的 85 000 元材料都属于直接材料，可以直接记入“生产成本”账户及甲产品和乙产品的明细分类账户中；车间管理部门耗用的 8 300 元材料应记入“制造费用”账户；行政管理部门为管理生产所发生的材料费用，应记入“管理费用”账户。另一方面，企业的库存材料减少了 214 800 元，应记入“原材料”账户的贷方（凡资产的减少，应记入有关科目的贷方）及 A 材料和 B 材料的明细分类账户中。

据此编制的会计分录如下。

借：生产成本——甲产品　　120 000
　　　　　　——乙产品　　85 000
　　制造费用　　8 300
　　管理费用　　1 500
　　贷：原材料——A 材料　　168 000
　　　　　　　——B 材料　　46 800

以上会计分录除了应在“生产成本”“制造费用”“管理费用”“原材料”总分类账户中进行登记，还应在“生产成本——甲产品”“生产成本——乙产品”的“直接材料”栏以及“原材料——A 材料”“原材料——B 材料”的明细分类账户中进行相应的登记。

4.3.2 工资及计提职工福利费的核算

工资及计提职工福利费即职工薪酬。工资是企业支付给职工的劳动报酬，它实际上是一种劳动耗费，另外按规定企业可按工资总额的一定比例提取职工福利费，作为企业用于职工福利方面的开支。企业所发生的工资及福利费应计入产品成本或期间费用。

分配职工工资及福利费，要划清应直接计入产品成本、制造费用与不应直接计入产品成本、制造费用的工资及福利费的界限。根据规定，直接从事产品车间生产工人的工资及计提的福利费，直接计入其产品成本，记入“生产成本”账户；车间管理人员的工资及计提的福利费，记入“制造费用”账户；企业行政管理部门人员的工资及计提的福利费，记入“管理费用”账户。

【例 4-19】蓝天公司根据 12 月的考勤记录和产量记录编制的“工资费用分配汇总表”，如表 4-3 所示。

表 4-3 工资费用分配汇总表

20××年 12 月

人员工资类别		工资金额（元）
车间生产工人的工资	甲产品工人的工资	360 000
	乙产品工人的工资	200 000
车间管理人员的工资		50 000
行政管理部门人员的工资		62 000
合计		672 000

通过工资费用的分配，一方面企业的在产品成本和期间费用共增加了 672 000 元，其中车间生产工人的工资应记入“生产成本”账户的借方，车间管理人员的工资应记入“制造费用”账户的借方，企业行政管理部门人员的工资应记入“管理费用”账户的借方。另一方面，企业对职工的负债也增加了 672 000 元，应记入“应付职工薪酬”账户的贷方（凡负债的增加，应记入有关科目的贷方）。

据此编制的会计分录如下。

借：生产成本——甲产品　　360 000

　　　　　　——乙产品　　200 000

　　制造费用　　50 000

　　管理费用　　62 000

　　贷：应付职工薪酬——职工工资、奖金、津贴和补贴　　672 000

该项业务除登记“生产成本”“制造费用”“管理费用”三个总分类账户外，还应在“生产成本——甲产品”和“生产成本——乙产品”两个明细分类账户的“直接人工费”栏分别登记 360 000 元和 200 000 元。

【例 4-20】按工资总额的 14%计提职工福利费，根据“工资费用分配汇总表”编制“职工福利费用计提表”，如表 4-4 所示。

表 4-4 职工福利费用计提表

20××年 12 月

人员工资类别		工资金额（元）	比例	职工福利费（元）
车间生产工人的工资	甲产品工人的工资	360 000	14%	50 400
	乙产品工人的工资	200 000	14%	28 000
车间管理人员的工资		50 000	14%	7 000

续表

人员工资类别	工资金额（元）	比例	职工福利费（元）
行政管理部门人员的工资	62 000	14%	8 680
合计	672 000	14%	94 080

按职工工资提取的福利费的账务处理与职工工资的账务处理基本相同。据此编制的会计分录如下。

借：生产成本——甲产品　　50 400

　　　　　　——乙产品　　28 000

　　制造费用　　7 000

　　管理费用　　8 680

　　贷：应付职工薪酬——职工福利费　　94 080

该项业务除登记“生产成本”“制造费用”“管理费用”三个总分类账户外，还应在“生产成本——甲产品”和“生产成本——乙产品”两个明细分类账户的“直接人工费”栏分别登记 50 400 元和 28 000 元。

4.3.3 制造费用的核算

制造费用是指企业各生产车间等生产单位为组织和管理生产而发生的各项间接费用，如车间管理人员的工资和福利费、办公费、保险费、水电费、车间房屋建筑物和机器设备折旧费、租赁费、机物料消耗、劳动保护费、季节性的停工损失等。

在上述有关业务中的账务处理中，车间管理部门耗用的材料费、管理人员的工资和计提的福利费都在“制造费用”账户进行了核算。在生产一种产品的车间中，制造费用可直接计入其产品生产成本；在生产多种产品的车间中，应采用既合理又简便的分配方法，将制造费用分配计入各种产品成本。制造费用分配计入产品成本的方法，常用的有按生产工时、定额工时、机器工时、直接人工费等比例进行分配。

【例 4-21】以现金 150 元购买办公用品，其中有 60 元办公用品交给车间使用，其余 90 元办公用品交给行政管理部门使用。

上述业务因购入的办公用品金额很小，应由本期有关费用项目全部承担。其中，车间使用的办公用品应记入“制造费用”账户，行政管理部门使用的办公用品应记入“管理费用”账户；同时企业的现金也减少了 150 元，应记入“库存现金”账户的贷方。

该项经济业务发生后，应做如下会计分录。

借：制造费用　　60

　　管理费用　　90

贷：库存现金 150

【例 4-22】以银行存款支付企业行政管理部门水电费 500 元和车间水电费 1 000 元。

上述经济业务，一方面企业行政管理部门的管理费用和车间经费共增加了 1 500 元，应分别记入“管理费用”和“制造费用”账户的借方；另一方面企业的银行存款也减少了 1 500 元，应记入“银行存款”账户的贷方。

该项经济业务发生后，应做如下会计分录。

借：管理费用 500

制造费用 1 000

贷：银行存款 1 500

【例 4-23】以银行存款支付本月生产车间财产保险费 120 元。

该项经济业务发生后，应做如下会计分录。

借：制造费用 120

贷：银行存款 120

【例 4-24】按规定的固定资产折旧率计算本月应计提的固定资产的折旧额 10 000 元，其中行政管理部门应提取折旧额 2 000 元，生产车间应提取折旧额 8 000 元。

这是固定资产折旧费用的计算和分配事项。通过折旧费用的分配，其中，根据行政管理部门的固定资产计提的折旧额应记入“管理费用”账户的借方，根据车间和分厂的固定资产计提的折旧额应记入“制造费用”账户的借方；同时，企业固定资产的折旧额的增加应记入“累计折旧”账户的贷方。

借：管理费用 2 000

制造费用 8 000

贷：累计折旧 10 000

【例 4-25】12 月 31 日，月末分配结转本月制造费用。（根据甲、乙产品的生产工时比例分配制造费用，甲、乙产品的生产工时分别为 30 000 个工时和 20 000 个工时。）

将【例 4-18】至【例 4-24】中的蓝天公司 12 月发生的制造费用记入“制造费用”总分类账户，如表 4-5 所示。

表 4-5 制造费用总分类核算

账户名称：制造费用 单位：元

20××年		凭证号数	摘要	借方	贷方	借或贷	余额
月	日						
略	略	略	车间耗用材料	8 300		借	8 300
			车间管理人员的工资	50 000		借	58 300

续表

20××年		凭证号数	摘　要	借　方	贷　方	借或贷	余　额
月	日						
			车间管理人员计提的福利费	7 000		借	65 300
			购办公用品	60		借	65 360
			付水电费	1 000		借	66 360
			付本月财产保险费	120		借	66 480
			计提的折旧费	8 000		借	74 480

制造费用作为生产费用的一部分，最终应由产品负担，从而构成产品成本的一个组成部分。同时，制造费用还是生产过程中的间接费用。因此，应将归集的制造费用按照一定的标准在产品之间进行分配，计算出每种产品应负担的部分。制造费用的分配标准有多种，一般可按产品耗用的工时、生产工人的工资、机器工时等进行分配。

蓝天公司20××年12月“制造费用”账户归集的制造费用总额为74 480元。现按甲、乙两种产品的生产工时比例进行分配。

首先，计算分配率：

$$分配率=\frac{制造费用总额}{生产工时总额}=\frac{74\ 480}{30\ 000+20\ 000}=1.489\ 6$$

甲产品应负担的制造费用=甲产品生产工时×分配率=30 000×1.489 6=44 688元

乙产品应负担的制造费用=乙产品生产工时×分配率=20 000×1.489 6=29 792元

制造费用分配结果如表4-6所示。

表4-6　制造费用分配表

分配对象	生产工时（个）	分配率	分配金额（元）
甲产品	30 000	1.489 6	44 688
乙产品	20 000	1.489 6	29 792
合计	50 000		74 480

根据表4-6的分配结果，将制造费用从“制造费用”账户转至“生产成本”账户。分别登记在“生产成本”账户的借方和“制造费用”账户的贷方。分录如下：

借：生产成本——甲产品　　　　44 688

　　　　　　——乙产品　　　　29 792

　贷：制造费用　　　　　　　　　74 480

该项业务除在“生产成本”和“制造费用”总分类账户进行相应的登记外，还应在“生产成本——甲产品”“生产成本——乙产品”明细分类账户的“制造费用”栏分别登记44 688元和29 792元。

4.3.4 完工产品的核算

生产成本明细分类账将期初在产品成本和本期发生的材料费用、人工费用和制造费用等生产费用，在期末没有在产品的情况下，归集到某种产品上的生产费用合计数，即该产品的本月完工产品的制造成本；在期末产品全部未完工的情况下，归集到某种产品上的生产费用合计数，全部为本月在产品的制造成本；在期末既有完工产品又有在产品的情况下，则需要采用一定的方法将应归集到某种产品上的生产费用合计数，在完工产品与在产品之间进行分配。其计算公式如下：

月初在产品成本+本月发生生产成本=本月完工产品成本+月末在产品成本

在这个公式中，月初在产品成本和本月发生生产成本可以从“生产成本”明细分类账户的核算资料中取得；本月完工产品成本和月末在产品成本需要通过计算取得。简单的方法是先计算月末在产品成本，然后从全部生产成本中减去月末在产品成本，可求得本月完工产品成本。其计算公式如下：

本月完工产品成本=月初在产品成本+本月发生生产成本−月末在产品成本

在计算月末在产品成本之前，必须首先确定月末在产品数量。在没有在产品动态记录的情况下，月末在产品数量可以通过实地盘点来确定。

【例 4-26】蓝天公司 20××年 12 月“生产成本——甲产品”明细分类账户归集的生产成本，如表 4-7 所示。“生产成本——乙产品”明细分类账户归集的生产成本，如表 4-8 所示。

表 4-7 “生产成本——甲产品”明细分类账

账户名称：生产成本——甲产品　　单位：元

20××年		凭证号数	摘 要	直接材料	直接人工	制造费用	合 计
月	日						
略	略	略	期初在产品成本	26 000	5 000	2 000	33 000
			耗用材料	120 000			120 000
			生产工人的工资		360 000		360 000
			生产工人计提的福利费		50 400		50 400
			分配制造费用			44 688	44 688
			合计	146 000	415 400	46 688	608 088

表 4-8 “生产成本——乙产品”明细分类账

账户名称：生产成本——乙产品　　单位：元

202×年		凭证号数	摘 要	直接材料	直接人工	制造费用	合 计
月	日						
略	略	略	期初在产品成本	10 000	4 000	1 200	15 200
			耗用材料	85 000			85 000

续表

202×年		凭证号数	摘　要	直接材料	直接人工	制造费用	合　计
月	日						
			生产工人的工资		200 000		200 000
			生产工人计提的福利费		28 000		28 000
			分配制造费用			29 792	29 792
			合计	95 000	232 000	30 992	357 992

该公司月末盘点得知，甲产品完工400台，月末有在产品，根据甲产品在产品的完工程度和历史资料，已知甲产品月末在产品总成本如表4-9所示。乙产品全部完工，共320台，月末无在产品。

表4-9　甲产品月末在产品总成本

单位：元

在产品名称	直接材料	直接人工	制造费用	合　计
甲产品	30 000	5 600	2 600	38 200

【例4-27】根据“生产成本”明细分类账中的资料和月末在产品成本资料，编制甲、乙产品生产成本计算表并计算本月完工产品的生产成本，如表4-10和表4-11所示。

表4-10　甲产品生产成本计算表

完工产品数量：400台　　单位：元

项　目	直接材料	直接人工	制造费用	合　计
月初在产品成本	26 000	5 000	2 000	33 000
本月发生产品生产成本	120 000	410 400	44 688	575 088
本月全部生产费用	146 000	415 400	46 688	608 088
减：月末在产品成本	30 000	5 600	2 600	38 200
本月完工产品总成本	116 000	409 800	44 088	569 888
完工产品单位成本	290	1 024.50	110.22	1 424.72

表4-11　乙产品生产成本计算表

完工产品数量：320台　　单位：元

项　目	直接材料	直接人工	制造费用	合　计
月初在产品成本	10 000	4 000	1 200	15 200
本月发生产品生产成本	85 000	228 000	29 792	342 792
本月全部生产费用	95 000	232 000	30 992	357 992
减：月末在产品成本	0	0	0	0
本月完工产品总成本	95 000	232 000	30 992	357 992
完工产品单位成本	296.88	725	96.85	1 118.73

【例4-28】根据甲、乙产品生产成本计算表结转本月完工产品成本。

产品完工后，应及时验收入库，并将本月完工产品的生产成本从“生产成本”账户转入“库存商品”账户。其中，甲产品完工产品成本569 888元，乙产品完工产品成本

357 992 元，应分别在“生产成本”明细分类账户和“库存商品”明细分类账户中进行登记。会计分录如下。

借：库存商品——甲产品　　569 888

　　　　　——乙产品　　357 992

　贷：生产成本——甲产品　　569 888

　　　　　　——乙产品　　357 992

任务 5　销售业务的核算

5.1　销售业务核算的主要内容

企业经过产品生产过程，生产出符合要求、可供对外销售的产品，形成了产品存货，接下来就要进入销售过程。在这个阶段，一方面将所制造的产品及时销售出去，按产品的销售价格向购买方办理结算，收回销货款，取得产品销售收入；另一方面必须付出相应数量的产品，因此还要结转产品的销售成本。此外，企业为了销售产品不仅要发生包装费、装卸费、运输费、广告费、展览费等必要的销售费用，还应按国家税法规定的税率和实现的销售收入计算与产品销售相关的税费。企业销售产品取得的收入，扣除因销售产品而应结转的产品实际成本、推销产品所发生的销售费用及应计算的各种销售税金，即企业销售产品的财务成果（利润或亏损）。

制造业企业在销售过程中除了发生销售产品、自制半成品及提供工业性劳务等业务（主营业务），还可能发生一些其他业务，如销售材料、出租房屋、设备等，所以这里除了介绍主营业务收支，还将介绍其他业务收支的核算。

综上所述，销售业务会计核算和监督的主要内容包括：确认营业收入的实现，反映与购买单位的货款结算，以掌握企业的资金回收情况；结转营业成本；支付销售产品所发生的销售费用；计算和交纳由销售而负担的税费等。

5.2　销售业务核算应用的主要账户

1. “主营业务收入”账户

“主营业务收入”账户属于损益类账户，用来核算销售产品而发生的销售收入。企业实现的销售收入，记入本账户的贷方，并记入“银行存款”或“应收账款”等账户的借方。期末应将本账户余额全部自借方转入“本年利润”账户，结转后该账户无余额。

“主营业务收入”账户的结构用“T”形账户列示如下。

借方　　　　　　　主营业务收入	贷方
期末转入“本年利润”账户数额	本期实现的销售收入
	期末无余额

2. “其他业务收入”账户

“其他业务收入”账户属于损益类账户，用来核算和监督企业除主营业务活动以外的其他经营活动而实现的收入及收入结转情况，其他经营活动包括出租固定资产、出租无形资产、出租包装物和销售材料等活动。企业实现的其他业务收入记入“其他业务收入”账户的贷方，将增值税专用发票上注明的增值税额记入“应交税费——应交增值税”账户的贷方；期末将“其他业务收入”账户的余额转入“本年利润”账户，结转后该账户无余额。

“其他业务收入”账户的结构用“T”形账户列示如下。

借方　　　　　　　其他业务收入	贷方
期末转入“本年利润”账户数额	本期实现的其他业务收入
	期末无余额

3. “主营业务成本”账户

“主营业务成本”账户属于损益类账户，用来核算销售产品而发生的销售成本。企业在结转销售成本时，借记该账户，贷记“库存商品”账户，期末应将该账户借方发生额自贷方转入“本年利润”账户，结转后该账户无余额。

“主营业务成本”账户的结构用“T”形账户列示如下。

借方　　　　　　　主营业务成本	贷方
本期已销售产品的生产成本	期末转入“本年利润”账户数额
期末无余额	

4. “其他业务成本”账户

“其他业务成本”账户属于损益类账户，用来核算和监督企业除主营业务以外的其他业务成本的发生及结转情况。企业在实现其他业务收入的同时，往往还要发生一些其他业务支出，即与其他业务收入有关的成本和费用，包括销售材料的成本、出租固定资产的折旧费、出租无形资产的摊销额、出租包装物的成本或摊销额等。企业发生的其他业务成本记入“其他业务成本”账户的借方；期末将“其他业务成本”账户的余额转入“本年利润”账户，结转后该账户无余额。

“其他业务成本”账户的结构用“T”形账户列示如下。

借方	其他业务成本	贷方
发生的其他业务成本		期末转入“本年利润”账户数额
期末无余额		

5.“应交税费”账户

“应交税费”账户用来核算企业应向税务部门交纳的各种税金，包括增值税、消费税、资源税、城市维护建设税、所得税等。企业应按税金种类设置明细分类账户来核算应向税务部门交纳的各种税金，工业企业销售环节发生的税金主要有增值税、消费税、城市维护建设税等。企业按税法规定计算的消费税、城市维护建设税，应记入“税金及附加”账户的借方，同时记入“应交税费——应交消费税（或城市维护建设税等）”账户的贷方。在实际交纳各种税金时，应借记“应交税费——应交××税”账户，贷记“银行存款”账户。

“应交税费”账户的结构用“T”形账户列示如下。

借方	应交税费	贷方
实际交纳的各种税金		应交纳的各种税金
		余额：未交纳的税金

6.“税金及附加”账户

“税金及附加”账户属于损益类账户，用来核算企业因经营活动发生的消费税、城市维护建设税、资源税和教育费附加等相关税费。增值税是按企业增值额征收的一种价外税，销售收入中不包括增值税，因此企业应交纳的增值税不在本科目核算。企业发生的有关税金，应记入该账户的借方，同时贷记“应交税费——应交××税”。期末应将该账户的借方发生额自贷方转入“本年利润”账户的借方，结转后该账户无余额。

“税金及附加”账户的结构用“T”形账户列示如下。

借方	税金及附加	贷方
本期经营活动发生的各种税金及附加		期末转入“本年利润”账户数额
期末无余额		

7.“销售费用”账户

“销售费用”账户属于损益类账户，用来核算企业在销售产品和材料、提供劳务的过程中发生的各种费用，包括保险费、包装费、展览费和广告费、产品维修费、运输费、装卸费等，以及为销售本企业产品而专设的销售机构（含销售网点、售后服务网点等）的职工薪酬、业务费、折旧费等经营费用。发生的各种费用，在“销售费用”账户的借方登记，同时贷记“银行存款”或“库存现金”等账户。期末将借方发生的各种费用自贷方转入“本年利润”账户的借方，结转后该账户无余额。

“销售费用”账户的结构用“T”形账户列示如下。

借方	销售费用 贷方
发生的各种销售费用	期末转入“本年利润”账户数额
期末无余额	

8.“应收账款”账户

“应收账款”账户属于资产类账户，用来核算企业在正常经营活动中，由于赊销产品或提供劳务而应向购货单位或接受劳务单位收取的款项，其中包括代垫的运杂费。

“应收账款”账户的结构可用“T”形账户列示如下。

借方	应收账款 贷方
发生的应收账款	实际收回的应收账款
余额：尚未收回的应收账款	

5.3 销售业务核算实例

蓝天公司 20××年 12 月发生如下经济业务。

【例 4-29】12 月 5 日，售给长江公司甲产品 350 台，每台售价 2 000 元，增值税税率为 13%，收到对方的转账支票一张，共计 791 000 元，已存入银行。

该项经济业务发生后，应做如下会计分录。

借：银行存款　　791 000

　　贷：主营业务收入——甲产品　　700 000

　　　　应交税费——应交增值税（销项税额）　　91 000

【例 4-30】12 月 10 日，以银行存款支付广告费 2 500 元。

该项经济业务发生后，应做如下会计分录。

借：销售费用　　2 500

　　贷：银行存款　　2 500

【例 4-31】12 月 12 日，向华联公司出售乙产品 300 台，每台售价 1 600 元，价款 480 000 元和应收增值税 62 400 元尚未收到。此外，乙产品还属于应交消费税的产品，其消费税税率为 10%。

在该项业务中，乙产品除交纳增值税以外，还应交纳消费税。消费税的计算方法有两种：一种是根据取得的销售收入（不含增值税）与税率相乘得到的；另一种是按销售数量与规定的税额相乘得到的。本业务属于前一种，所以乙产品应交的消费税为：480 000×10%=48 000 元。

该项经济业务发生后，由于既要反映销售收入，又要核算消费税，因此编制如下两笔会计分录。

①借：应收账款——华联公司 542 400

贷：主营业务收入——乙产品 480 000

应交税费——应交增值税（销项税额） 62 400

②借：税金及附加 48 000

贷：应交税费——应交消费税 48 000

【例 4-32】12 月 16 日，以银行存款支付产品销售展览费用 500 元。

该项经济业务发生后，应做如下会计分录。

借：销售费用 500

贷：银行存款 500

【例 4-33】12 月 20 日，收到华联公司还来前欠货款 432 000 元，当即存入银行。

该项经济业务发生后，应做如下会计分录。

借：银行存款 432 000

贷：应收账款——华联公司 432 000

【例 4-34】12 月 22 日，销售给光明公司 A 材料一批，其中材料价款 20 000 元，增值税销项税额 2 600 元，价款及税款均已收到并存入银行。

该项经济业务发生后，应做如下会计分录。

借：银行存款 22 600

贷：其他业务收入——材料销售 20 000

应交税费——应交增值税（销项税额） 2 600

【例 4-35】12 月 30 日，结转已售 A 材料的实际成本 12 000 元。

该项经济业务发生后，应做如下会计分录。

借：其他业务成本——材料销售 12 000

贷：原材料——A 材料 12 000

【例 4-36】12 月 30 日，以银行存款交纳增值税 128 050 元，交纳消费税 48 000 元，共计 176 050 元。该项经济业务发生后，应做如下会计分录。

借：应交税费——应交增值税 128 050

——应交消费税 48 000

贷：银行存款 176 050

【例 4-37】12 月 31 日，结转本月售出产品的生产成本，共计 810 750 元。其中，甲产品售出 350 台，每台生产成本 1 425 元，计 498 750 元；乙产品 300 台，每台生产成本 1 119 元，计 335 700 元。

在实际工作中，各月的产品单位成本一般都不相同，月末确定已售出产品的生产成本的方法有多种。为简化核算，假定甲、乙两种已售出产品的单位成本都已计算出，且都采用整数。

该项经济业务发生后，应做如下会计分录。

借：主营业务成本——甲产品　　　　498 750

　　　　　　　　——乙产品　　　　335 700

　贷：库存商品——甲产品　　　　　　498 750

　　　　　　　　——乙产品　　　　　　335 700

任务 6　其他经济业务的核算

6.1　其他经济业务核算的主要内容

工业企业除了要对在主要经营过程中所发生的经济业务进行记录、核算，还应对企业在生产经营过程中经常发生的其他经济业务进行记录、核算。例如，企业在生产经营过程中经常发生与固定资产、无形资产增减有关的经济业务；对外单位的投资；同外单位或个人经常发生的各种各样的款项结算等业务。另外，企业有时也会发生与生产经营活动没有直接关系的各种营业外收支。

以下将简要介绍其他应收款、其他应付款、营业外收入、营业外支出、交易性金融资产、投资收益等其他经济业务的核算。

6.2　其他经济业务核算应用的主要账户

1. “其他应收款”账户

“其他应收款”账户属于资产类账户，是用来核算企业除应收票据、应收账款、预付账款、应收股利和应收利息以外的其他各种应收及暂付款项。其主要内容包括：应收的各种赔款、罚款，如因企业财产等遭受意外损失而应向有关保险公司收取的赔款等；应收的出租包装物租金；应向职工收取的各种垫付款项，如为职工垫付的水电费、应由职工负担的医药费、房租费等；存出保证金，如租入包装物支付的押金；其他各种应收、暂付款项。

“其他应收款”账户的借方登记其他应收款的增加，贷方登记其他应收款的收回，期末余额一般在借方，反映企业尚未收回的其他应收款项。

“其他应收款”账户的结构用“T”形账户列示如下。

借方　　　　其他应收款	贷方
发生的各种其他应收款	收回的其他应收款
余额：尚未收回的其他应收款	

2. “其他应付款”账户

“其他应付款”账户属于负债类账户，用来核算企业除应付票据、应付账款、预收账款、应付职工薪酬、应交税费、应付利息、应付股利等经营活动以外的其他各种应付、暂收的款项，如应付经营租赁固定资产租金、租入包装物租金、存入保证金等。

“其他应付款”账户的结构用“T”形账户列示如下。

借方　　　　其他应付款	贷方
支付的各种其他应付、暂收款项	发生的各种其他应付、暂收款项
	余额：应付而未付的其他应付款项

3. “营业外收入”账户

“营业外收入”账户属于损益类账户，用来核算企业确认的与其日常活动无直接关系的各项利得。营业外收入并不是企业经营资金耗费所产生的，实际上是经济利益的净流入，不需要与有关的费用进行配比。营业外收入主要包括非流动资产毁损报废收益、对现金等财产清查盘点时的盘盈利得、捐赠利得、非货币性资产交换利得、债务重组利得等。

“营业外收入”账户的结构用“T”形账户列示如下。

借方　　　　营业外收入	贷方
期末转入“本年利润”账户数额	核算发生的各项营业外收入，包括： ①非流动资产毁损报废收益 ②盘盈利得 ③捐赠利得 ④非货币性资产交换利得 ⑤债务重组利得 ⑥罚没利得 ⑦政府补助利得等
	期末无余额

4. “营业外支出”账户

“营业外支出”账户属于损益类账户，用来核算企业发生的与其日常活动无直接关系的各项损失，主要包括非流动资产毁损报废损失、公益性捐赠支出、盘亏损失、非常损失、罚款支出、非货币性资产交换损失、债务重组损失等。

“营业外支出”账户的结构可用“T”形账户列示如下。

借方 营业外支出	贷方
核算发生的各项营业外支出，包括： ①非流动资产毁损报废损失 ②公益性捐赠支出 ③盘亏损失 ④非常损失 ⑤罚款支出 ⑥非货币性资产交换损失 ⑦债务重组损失等	期末转入“本年利润”账户数额
期末无余额	

5.“交易性金融资产”账户

“交易性金融资产”账户属于资产类账户，用来核算企业为交易目的所持有的债券投资、股票投资、基金投资等交易性金融资产的公允价值。“交易性金融资产”账户的借方登记交易性金融资产的取得成本、资产负债表日其公允价值高于账面余额的差额等；贷方登记企业出售交易性金融资产时结转的成本和公允价值变动损益，以及资产负债表日其公允价值低于账面余额的差额。企业应当按照交易性金融资产的类别和品种，分别设置“成本”“公允价值变动”等明细分类账户并进行核算。

“交易性金融资产”账户的结构用“T”形账户列示如下。

借方 交易性金融资产	贷方
①交易性金融资产的取得成本 ②资产负债表日其公允价值高于账面余额的差额	①出售时结转的成本和公允价值变动损益 ②资产负债表日其公允价值低于账面余额的差额
余额：交易性金融资产的实有数额	

6.“投资收益”账户

“投资收益”账户属于损益类账户，用来核算企业对外投资取得的收入或发生的损失。其借方登记投资损失和期末投资净收益的转出数、取得交易性金融资产所发生的相关交易费用，贷方登记取得的投资收入和期末投资净损失的转出数，期末结转后该账户无余额。本账户应按投资收益的种类设置明细分类账户，并进行明细分类账户的核算。

“投资收益”账户的结构用“T”形账户列示如下。

借方 投资收益	贷方
①投资损失 ②投资净收益转入“本年利润”账户的贷方 ③取得交易性金融资产所发生的相关交易费用	①投资收入 ②投资净损失转入“本年利润”账户的借方
	期末无余额

6.3 其他经济业务核算实例

蓝天公司 20××年 12 月发生如下经济业务。

【例4-38】蓝天公司在采购过程中发生材料毁损，按保险合同规定，应由××保险公司赔偿损失 500 元，赔款尚未收到。蓝天公司应做如下会计分录。

借：其他应收款——××保险公司　　500

　　贷：在途物资　　500

【例 4-39】本月，蓝天公司如数收到上述××保险公司的赔款。

该项经济业务发生后，应做如下会计分录。

借：银行存款　　500

　　贷：其他应收款——××保险公司　　500

【例 4-40】蓝天公司采购员张华出差预借差旅费 1 000 元，以现金付讫。

该项经济业务发生后，应做如下会计分录。

借：其他应收款——张华　　1 000

　　贷：库存现金　　1 000

【例 4-41】上述采购员张华出差回来报销差旅费 960 元，原借款 1 000 元，余款退回现金 40 元。

这项经济业务的发生，一方面使企业的管理费用增加 960 元，同时库存现金增加 40 元（1 000-960）；另一方面使企业的其他应收款减少 1 000 元。管理费用属于费用，增加应记入“管理费用”账户的借方，库存现金属于资产，增加应记入“库存现金”账户的借方；其他应收款属于资产，减少应记入“其他应收款”账户的贷方。

该项经济业务发生后，应做如下会计分录。

借：管理费用　　960

　　库存现金　　40

　　贷：其他应收款——张华　　1 000

【例 4-42】本月，行政管理部门以银行存款预付全年的财产保险费共 1 200 元。

这项经济业务的发生使企业的预付费用增加了 1 200 元，应通过借记“其他应收款”账户计算。因为该笔财产保险费是为全年而预付的，根据权责发生制原则，这笔费用不应在支付时全部计入当月成本和费用，而应在全年各月成本和费用中进行分摊。因此，它属于已经支付但应分期摊入当月和以后各月成本或费用的，并且摊销期在一年以内的预付费用。同时，这项经济业务使企业的银行存款减少了 1 200 元，应贷记“银行存款”

账户。

该项经济业务发生后，应做如下会计分录。

借：其他应收款——预付财产保险费　　　　　　1 200

　　贷：银行存款　　　　　　　　　　　　　　　1 200

本例属于预付费用的问题。预付费用是指本期或前期已经支付而应由后续会计期间负担的费用（待摊的费用）。除财产保险费外，还有预付报纸（杂志）订阅费、预付租金等也属于这一类型。

【例 4-43】本月末，分摊应由本月管理费用负担的财产保险费 100 元。

这项经济业务发生后，一方面企业本月管理费用增加 100 元，应借记“管理费用”账户；另一方面，企业的预付费用被分摊了 100 元，应贷记“其他应收款”账户表示冲销。

借：管理费用　　　　　　　　　　　　　　　100

　　贷：其他应收款　　　　　　　　　　　　　　100

【例 4-44】12 月 1 日，租入管理用办公设备一批，每月租金 200 元，租期 3 个月，到期支付。次年 2 月底到期时，蓝天公司以银行存款支付应付租金 600 元。

该项经济业务发生后，应做如下会计分录。

（1）本月（20××年 12 月）计提应付租金。

借：管理费用　　　　　　　　　　　　　　　200

　　贷：其他应付款——应付设备租金　　　　　　200

（2）次年 1 月底计提应付租金，会计分录同上。

（3）次年 2 月底以银行存款支付应付租金。

借：管理费用　　　　　　　　　　　　　　　200

　　其他应付款——应付设备租金　　　　　　　400

　　贷：银行存款　　　　　　　　　　　　　　　600

本例属于应计费用的问题。应计费用（预提的费用）是指本期已经消耗，应由本期负担，但本期未予以支付的费用。概括地说，应计费用是指预先分月计入成本或期间费用，但由以后月份支付的费用。除本例外，如本项目任务 2 中所述的企业短期借款利息的账务处理便是典型的应计费用的预提和支付方式（预提短期借款利息通过“财务费用”“应付利息”等账户核算）。

【例 4-45】因客户违反合同，蓝天公司通过索赔，取得了 30 000 元的赔偿费，银行已入账。

该项经济业务发生后，应做如下会计分录。

借：银行存款　　　　　　　　　　　　30 000

　　贷：营业外收入　　　　　　　　　　　30 000

【例 4-46】12 月 10 日，蓝天公司以银行存款捐赠希望工程 5 000 元，支付捐赠款属于营业外支出。

该项经济业务发生后，应做如下会计分录。

借：营业外支出　　　　　　　　　　　5 000

　　贷：银行存款　　　　　　　　　　　　5 000

【例 4-47】12 月 15 日，蓝天公司委托银行划拨资金 100 000 元给宏达证券公司用于金融性资产投资。

借：其他货币资金——存出投资款　　　100 000

　　贷：银行存款　　　　　　　　　　　　100 000

【例 4-48】12 月 20 日，蓝天公司委托宏达证券公司购入 A 上市公司股票 5 000 股，并将其划分为交易性金融资产。该笔股票投资在购买日的公允价值为 50 000 元。另支付相关交易费用金额 2 500 元。

（1）12 月 20 日，购买股票时，应做如下会计分录。

借：交易性金融资产——成本　　　　　50 000

　　贷：其他货币资金——存出投资款　　　50 000

（2）支付相关交易费用时，应做如下会计分录。

借：投资收益　　　　　　　　　　　　2 500

　　贷：其他货币资金——存出投资款　　　2 500

【例 4-49】12 月 25 日，蓝天公司将 20 日购买的 A 上市公司股票全部售出，其售价为 80 000 元。

该项经济业务发生后，应做如下会计分录。

借：其他货币资金——存出投资款　　　80 000

　　贷：交易性金融资产——成本　　　　　50 000

　　　　投资收益　　　　　　　　　　　　30 000

任务 7　财务成果的核算

7.1　财务成果核算的主要内容

财务成果是指企业在一定会计期间所实现的最终经营成果，即全部收入减去全部支出后的净额，其表现为利润或亏损。财务成果关系到企业的生存与发展，关系到投资者的利益和国家的利益，正确核算财务收支、反映企业的财务成果是会计核算的重要内容。

财务成果业务核算的内容，主要包括财务成果形成的核算和财务成果分配的核算两个方面。

7.1.1　财务成果的形成

财务成果的形成首先应进行利润汇总，即计算利润总额和净利润。

利润是指企业在一定会计期间的经营成果，具体包括收入减去费用后的净额、直接计入当期利润的利得和损失等。利得是指企业在非日常活动中所形成的、会实现所有者权益增加的、与所有者投入资本无关的经济利益的流入；损失是指由企业在非日常活动中所形成的、会导致所有者权益减少的、与向所有者分配利润无关的经济利益的流出。

与利润相关的主要计算公式如下所述。

1. 营业利润

营业利润=营业收入-营业成本-税金及附加-销售费用-管理费用-财务费用-信用减值损失-资产减值损失+公允价值变动收益（-公允价值变动损失）+投资收益（-投资损失）+其他收益+资产处置收益（-资产处置损失）

其中，营业收入是指企业经营业务所确认的收入总额，包括主营业务收入和其他业务收入；营业成本包括主营业务成本和其他业务成本；资产减值损失是指企业计提各项资产减值准备所形成的损失；公允价值变动收益（损失）是指企业交易性金融资产等公允价值变动形成的应计入当期损益的利得（损失）；投资收益（投资损失）是指企业以各种方式对外投资所取得的收益（发生的损失）；其他收益主要是指与企业日常活动相关，除冲减相关成本费用以外的政府补助；资产处置收益（资产处置损失）反映了企业符合一定条件的某些非流动资产的处置利得（损失）。

2. 利润总额

利润总额=营业利润+营业外收入-营业外支出

其中，营业外收入是指企业发生的与其日常活动无直接关系的各项利得；营业外支出是指企业发生的与其日常活动无直接关系的各项损失。

3. 净利润

企业取得了利润，必须向国家交纳所得税。净利润计算公式如下：

净利润=利润总额-所得税费用

其中，所得税费用是指企业确认的应从当期利润总额中扣除的所得税。

7.1.2　财务成果的分配

企业取得的净利润应当按照国家有关规定或各方投资人的决议进行分配。企业当年实现的净利润加上以前年度未分配的利润就是可供分配的利润。如果企业发生亏损，则按规定可用下一年度的利润进行弥补。为了简便起见，在本项目财务成果的核算中，均假定企业为盈利企业，且无弥补以前年度的亏损。

企业每年实现的净利润，要按规定进行分配：一部分以“盈余公积”的形式留归企业，作为企业扩大生产经营、提高集体福利的资金；一部分以“利润”的形式分配给投资者，作为投资者的收益；一部分以“未分配利润”的形式保留在账面上，作为增强企业抵御风险能力的资金。

企业当期实现的利润净额，加上年初未分配利润（或减去年初未弥补亏损），为可供分配的利润。可供分配的利润按如下顺序分配。

（1）提取法定盈余公积。法定盈余公积应按照本年实现净利润的一定比例提取，《中华人民共和国公司法》规定：公司制企业按净利润的 10%提取法定盈余公积；非公司制企业法定盈余公积的提取比例可超过净利润的 10%；企业提取的法定盈余公积累计已达注册资本的 50%时，可以不再提取。

（2）提取任意盈余公积。任意盈余公积一般按照股东大会决议提取或按照企业管理层的决定提取。

（3）向投资者分配利润或股利，即企业按照利润分配方案分配给投资者的现金利润或股利。

7.2　财务成果核算设置的主要账户

财务成果的形成与分配主要是通过“本年利润”和“利润分配”两个账户来进行的。此外，财务成果的核算还涉及“盈余公积”“应付股利”“所得税费用”等账户。

1. “本年利润”账户

“本年利润”账户属于所有者权益类账户，同时也是财务成果计算账户，用来汇总企业本期的财务成果。期末（月末或年末），企业应将各种收益类账户，如“主营业务收入”

“其他业务收入”“投资收益”“营业外收入”等账户的余额从借方转入本账户的贷方；将各种支出类账户，如“主营业务成本”“税金及附加”“销售费用”“管理费用”“财务费用”“其他业务成本”“营业外支出”“所得税费用”账户的余额自贷方转入本账户的借方。结转以后，本账户贷方发生额大于借方发生额的差额，即本期实现的利润总额；反之，则为亏损总额。如果企业的财务成果为利润，则企业应按国家有关规定计算交纳所得税。期末，将应交纳的所得税从“所得税费用”账户的贷方转入“本年利润”账户的借方，结转后，“本年利润”账户的贷方余额为本年的净利润，即属于投资者权益的净收益。年末，企业应将净利润从“本年利润”账户全部转入“利润分配”账户。如果是净利润，则从借方转出；如果是亏损，则从贷方转出。经结转后，本账户年末无余额。

“本年利润”账户的结构用“T”形账户列示如下。

本年利润

借方	贷方
本期各项费用、支出账户转入数，包括：	
①主营业务成本	
②税金及附加	本期各项收入、收益账户转入数，包括：
③销售费用	①主营业务收入
④管理费用	②其他业务收入
⑤财务费用	③投资收益
⑥其他业务成本	④营业外收入
⑦营业外支出	
⑧所得税费用	
余额：本期发生的亏损数	余额：本期实现的利润数

2.“利润分配”账户

“利润分配”账户属于所有者权益类账户，用来分配企业的财务成果，反映企业利润分配的各项具体数额和分配后的结存数额。在“利润分配”总分类账户下设置“提取法定盈余公积”“提取任意盈余公积”“应付现金股利或利润”“盈余公积补亏”“未分配利润”等明细分类账户。

“利润分配”账户的结构用“T”形账户列示如下。

利润分配

借方	贷方
①年末从“本年利润”账户转入的全年实现的净亏损数	
②本期实际分配的利润数，包括：	年末从“本年利润”账户转入的全年实现的净利润数
a.提取盈余公积	
b.分配给投资者的利润数	
余额：	
①平时——为已分配的利润数	余额：年末未分配的利润数
②年末——为未弥补亏损数	

核算过程如下所述。

（1）在将净利润转入“利润分配”账户时，借记“本年利润”账户，贷记“利润分配——未分配利润”账户。亏损进行相反的会计分录。

（2）核算企业用盈余公积弥补亏损时，借记“盈余公积”账户，贷记“利润分配——盈余公积补亏”账户。

（3）核算企业提取法定盈余公积时，借记“利润分配——提取法定盈余公积”账户，贷记“盈余公积”账户。

（4）核算按规定支付给投资人利润时，借记“利润分配——应付现金股利或利润”，贷记“应付股利”账户。

在核算过程中需要注意，“利润分配——未分配利润”账户用来核算企业从“本年利润”账户转入的净利润的未分配利润的余额，反映了企业利润分配情况的全过程。核算方法：年末，企业应将净利润“本年利润”账户的借方转入本账户的贷方，此时本账户的贷方便归集了当年可供分配的净利润总额；利润分配事项核算完毕后将“利润分配”账户下的其他明细分类账户的余额转入本明细分类账户的借方。结转后，当“利润分配”账户的其他明细分类账户无余额时，该明细分类账户的借方反映了企业已经分配的净利润。贷方（全部净利润）与借方（已分配利润）的差额，即贷方余额，表示企业尚未分配的利润；如为借方余额，表示尚未弥补的亏损。

3. “盈余公积”账户

“盈余公积”账户属于所有者权益类账户，用来核算公积金的提取及使用情况。其借方登记盈余公积的使用数，贷方登记盈余公积的提取数。余额在贷方，表示提取盈余公积的结余数。

“盈余公积”账户的结构用“T”形账户列示如下。

借方　　盈余公积　　贷方

盈余公积的使用数	从税后利润中提取的盈余公积数
	余额：盈余公积结余数

4. “应付股利”账户

“应付股利”账户属于负债类账户，用来核算企业对投资者的利润分配情况和实际支付情况。其借方登记实际支付给投资者的现金股利或利润数，贷方登记计算出的应付给投资者的现金股利或利润数。余额在贷方，表示尚未支付给投资者的应付现金股利或利润数。

“应付股利”账户的结构用“T”形账户列示如下。

借方　　应付股利　　贷方

实际支付给投资者的现金股利或利润数	应付给投资者的现金股利或利润数
	余额：应付未付的现金股利或利润数

5. “所得税费用”账户

“所得税费用”账户属于损益类账户，用来反映企业的所得税支出，该账户借方反映按应纳税所得额计算应交纳的所得税数额，贷方反映将本期所得税转入“本年利润”账户的数额。该账户的期末无余额。

“所得税费用”账户的结构用“T”形账户列示如下。

借方	所得税费用　　　　贷方
计算应交纳的所得税数额	本期所得税转入“本年利润”账户的数额
期末无余额	

7.3 财务成果主要经济业务的核算实例

7.3.1 财务成果形成的核算

计算财务成果的方法是将所有的损益类账户于期末全部转入“本年利润”账户，然后进行比较。如果“本年利润”账户的期末余额在贷方，即表明为利润；如果在借方，则表明为亏损。

例如，蓝天公司20××年12月末将损益类账户（包括收入类和费用支出类）汇总后，各个账户余额如表4-12所示。

表4-12 汇总后损益类账户余额表

单位：元

账户名称	结转前余额（借方）	账户名称	结转前余额（贷方）
主营业务成本	834 450	主营业务收入	1 180 000
其他业务成本	12 000	其他业务收入	20 000
税金及附加	48 000	投资收益	27 500
销售费用	3 000	营业外收入	30 000
管理费用	76 030		
财务费用	500		
营业外支出	5 000		

【例4-50】12月31日，将上述损益类账户中的收入类账户余额转入“本年利润”账户，编制会计分录如下。

借：主营业务收入　　1 180 000

　　其他业务收入　　20 000

　　投资收益　　27 500

　　营业外收入　　30 000

贷：本年利润 1 257 500

【例 4-51】12 月 31 日，将上述损益类账户中的费用支出类账户余额转入“本年利润”账户，编制会计分录如下。

借：本年利润 978 980

贷：主营业务成本 834 450

其他业务成本 12 000

税金及附加 48 000

销售费用 3 000

管理费用 76 030

财务费用 500

营业外支出 5 000

由上述【例 4-50】与【例 4-51】的核算可知，该企业 12 月实现的利润总额为：

1 257 500−978 980=278 520 元

【例 4-52】假设蓝天公司所得税的税率为 25%，计算该企业 12 月应交所得税。

该企业 12 月应交所得税计算如下：

278 520×25%=69 630 元

该项经济业务发生后，应做如下会计分录。

借：所得税费用 69 630

贷：应交税费——应交所得税 69 630

【例 4-53】12 月 31 日，将“所得税费用”账户余额转入“本年利润”账户。

该项经济业务发生后，应做如下会计分录。

借：本年利润 69 630

贷：所得税费用 69 630

所得税结转后，便可得出蓝天公司 20××年 12 月的净利润为 208 890 元（278 520−69 630）。

7.3.2 财务成果分配的核算

财务成果分配是通过“利润分配”账户核算的。为简便起见，假定蓝天公司以前年度无亏损，也无未分配利润，12 月的净利润为全年利润。

【例 4-54】年末结转“本年利润”账户，应做如下会计分录。

借：本年利润　　　　208 890

　　贷：利润分配——未分配利润　　　　208 890

【例 4-55】蓝天公司按国家有关规定提取公积金，其中法定盈余公积按净利润的10%提取。该项经济业务发生后，应做如下会计分录。

借：利润分配——提取法定盈余公积　　　　20 889

　　贷：盈余公积——法定盈余公积　　　　20 889

【例 4-56】蓝天公司根据董事会决定，用 120 000 元向投资人分配利润，应做如下会计分录。

借：利润分配——应付现金股利或利润　　　　120 000

　　贷：应付股利　　　　120 000

【例 4-57】将上述有关利润分配明细分类账户余额转入“利润分配——未分配利润”明细分类账户，应做如下会计分录。

借：利润分配——未分配利润　　　　140 889

　　贷：利润分配——提取法定盈余公积　　　　20 889

　　　　　　　　——应付现金股利或利润　　　　120 000

根据对上述业务的核算，蓝天公司 20××年年末结算后“利润分配——未分配利润”账户余额为：

208 890−140 889=68 001 元

蓝天公司本年度还有 68 001 元利润尚未分配。

【知识拓展】

从分类上理解账户的使用

一、账户按经济内容分类

账户的经济内容，也就是账户所反映的会计对象的具体内容。每一个会计要素都具有自己独特的经济内容，都是由更细小的经济要素所组成的，因此必须为它们各自设立账户进行核算。这是账户最基本的分类。

账户按经济内容分类，可以分为资产类、负债类、共同类、所有者权益类、成本类和损益类六种账户。

1. 资产类账户

资产类账户是反映资产的增减变动及其结存情况的账户。按照资产的流动性和经营管理核算的需要，又可将其分为流动资产和非流动资产两类账户。核算流动资产的账户有“库存现金”“银行存款”“应收账款”“交易性金融资产”“原材料”“预付账款”“库存商品”等账户；核算非流动资产的账户有“长期股权投资”“固定资产”“无形资产”等账户。

2. 负债类账户

负债类账户是反映负债的形成和偿付及其结存情况的账户。按照偿债期限的长短又可分为流动负债和非流动负债两类账户。核算流动负债的账户有“短期借款”“应付账款”“应付票据”“应付职工薪酬”“应交税费”“预收账款”等账户；核算非流动负债的账户有“长期借款”“应付债券”“长期应付款”等账户。

3. 共同类账户

共同类账户是反映具有资产和负债双重性质的账户。按共同账户余额的方向分为反映资产和反映负债的账户。例如，当“衍生工具”“套期工具”“套期项目”等账户的期末余额在借方时，是反映资产的账户；反之，是反映负债的账户。

4. 所有者权益类账户

所有者权益类账户是反映投入资本、资本公积、盈余公积、未分配利润的增减变动及其结存情况的账户。例如，企业常用的“实收资本”“资本公积”“盈余公积”“本年利润”“利润分配”等账户。

5. 成本类账户

成本类账户是反映成本费用发生情况的账户，如“生产成本”“制造费用”等账户。

6. 损益类账户

损益类账户是反映企业损益的账户。按照损益的性质和内容不同，损益类账户又可分为反映营业损益的账户和反映营业外损益的账户两类。反映营业损益的账户，如“主营业务收入”“主营业务成本”“其他业务收入”“其他业务成本”“销售费用”“管理费用”“财务费用”等；反映营业外损益的账户，如“营业外收入”“营业外支出”等。

二、账户按提供指标的详细程度分类

账户按提供指标的详细程度不同，可分为总分类账户和明细分类账户。

1. 总分类账户

总分类账户，是对各单位经济活动的具体内容进行总括核算的账户。由于它是根据总分类科目（总账科目）设置的，因此又称为总账账户或一级账户。每个企业都要根据自身的特点及国家统一制定的账户名称，设置若干个总分类账户。

2. 明细分类账户

明细分类账户，是对企业某项经济业务进行明细核算的账户。由于它是根据明细分类科目设置的，因而又称为明细账。明细分类账户是对总分类账户的进一步划分，它比总分类账户更为详细具体，能够提供某项具体经济业务的明细核算。

三、账户按用途和结构分类

账户按用途和结构的不同，可以分为盘存类账户、结算类账户、跨期摊提类账户、资本类账户、调整类账户、集合分配类账户、成本计算类账户、对比类账户、财务成果计算类账户。

1. 盘存类账户

盘存类账户是指用来核算和监督可以进行实物盘点的各种财产物资和货币资金增减变动及实有数额的账户。该账户的借方登记增加数，贷方登记减少数，余额总是在借方，表示各项财产物资和货币资金的实存数额。

属于盘存类账户的有“原材料”“库存商品”“库存现金”“银行存款”“固定资产”“包装物”等账户。

2. 结算类账户

结算类账户是指用来核算和监督各单位同其他单位或个人，以及各单位内部各部门之间债权（应收）、债务（应付）核算关系的账户。

按照结算的性质不同，结算类账户可分为债权结算类账户、债务结算类账户和债权债务类结算账户三类。

（1）债权类结算账户是指用来核算和监督债权的实有数额及增减变动的账户。其借方登记债权的增加，贷方登记债权的减少，余额在借方，表示债权的实有数额。常见的债权类结算账户包括“应收账款”“其他应收款”“预付账款”等账户。

（2）债务类结算账户是指用来核算债务的增减变动的账户。其贷方登记债务的增加，借方登记债务的减少，余额在贷方，表示债务的实有数额。常见的债务类结算账户主要包括“应付账款”“应付票据”“应付职工薪酬”“应交税费”等账户。

（3）债权债务类结算账户是一类比较特殊的结算类账户。它是指经济组织在与其他经济组织或个人之间同时具有债权又有债务结算情况，需要在同一账户进行核算与监督而运用的一种账户。债权债务类结算账户的期初余额可能在借方（表示债权大于债务的差额），也可能在贷方（表示债务大于债权的差额）；本期借方发生额表示债权的增加或债务的减少，本期贷方发生额表示债务的增加或债权的减少；期末如果是借方余额表示债权大于债务的差额，如果是贷方余额则表示债务大于债权的差额。这类账户如“待处理财产损溢”等账户。

3. 跨期摊提类账户

跨期摊提类账户是指用来核算和监督应由若干个会计期间共同负担，而又在某个会计期间一次支付费用的账户，如“长期待摊费用”等账户。

4. 资本类账户

资本类账户是指用来核算和监督经济组织从外部取得的或内部形成的资本金增加变动情况，及其实有数额的账户，如“实收资本（或股本）”“资本公积”“盈余公积”等账户。资本类账户期初如果有余额在贷方，本期发生额的增加数在贷方，本期发生额的减少数在借方，期末如果有余额应在贷方。

5. 调整类账户

调整类账户是指用来调节和整理相关账户的账面金额，并表示被调整账户的实际余额数的账户。调整类账户按照调整方式的不同可以分为备抵调整账户、附加调整账户和备抵附加调整账户三类。

（1）备抵调整账户是指用来抵减被调整账户余额，以取得被调整账户余额的账户。例如，“累计折旧”账户是“固定资产”账户的备抵调整账户；“利润分配”账户是“本年利润”账户的备抵调整账户。

（2）附加调整账户是指用来增加被调整账户余额的账户。附加调整账户与其被调整的账户的运用方向相反。由于在现实中这类账户已经很少使用，因此有关它的运用不再介绍。

（3）备抵附加调整账户是指既具有备抵又具有附加调整功能的账户。比较典型的备抵附加调整账户，如“材料成本差异”账户。

6. 集合分配类账户

集合分配类账户是指用来归集和分配经济组织经营过程中某个阶段所发生的相关费用的账户，主要有“制造费用”账户等。集合分配类账户记录的费用属于当期的开支，应当在当期分配完毕，因此这类账户没有期末和期初余额。

7. 成本计算类账户

成本计算类账户是指用来归集经营过程中某个阶段所发生的全部费用，并据以计算和确定各个对象成本的账户，如“生产成本”“在建工程”账户等。

8. 对比类账户

对比类账户是指用来对某项经济业务按照不同的计价进行对比，借以确定其业务成果的账户。“固定资产清理”账户就是典型的对比类账户，其贷方登记清理、出售固定资产的收入数，借方登记清理固定资产的费用支出及转入清理固定资产的净值。将借、贷两方发生额进行对比，就可以确定报废、毁损、出售固定资产的净收益或净损失。

9. 财务成果计算类账户

财务成果计算类账户是指用来核算和监督经济组织在一定时期内财务成果形成，并确定最终成果的账户。典型的财务成果类账户是“本年利润”账户。

基础知识测评

一、单项选择题

1．下列不属于期间费用的是（　　）。

A．制造费用　　B．管理费用

C．财务费用　　D．销售费用

2．企业计提短期借款的利息支出时应借记的账户是（　　）。

A．应付利息　　B．短期借款

C．财务费用　　D．管理费用

3．工业企业因采购材料而发生的装卸搬运费，支付时应计入（　　）。

A．“装卸费用”账户　　B．“在途物资”账户

C．“管理费用”账户　　D．“营业外支出”账户

4．下列项目中属于营业外收入的是（　　）。

A．销售产品的收入　　B．销售材料的收入

C．罚款收入　　D．出租固定资产的收入

5．企业的净利润是企业在一定期间的利润总额，扣除（　　）后的财务成果。

A．营业外收支净额　　B．投资收益

C．所得税费用　　D．ABC

二、多项选择题

1．采购材料的实际成本包括采购过程发生的（　　）。

A．材料买价　　B．增值税进项税额

C．运输费　　D．仓储费

2．产品的生产成本包括（　　）。

A．直接材料费　　B．直接人工费　　C．管理费用

D．制造费用　　E．采购费用

3．影响企业营业利润的因素有（　　）。

A．营业收入　　B．营业成本　　C．税金及附加

D．管理费用　　E．财务费用

4．为了具体地核算企业利润分配和历年分配后的结存数额，“利润分配”账户应设置的明细分类账户有（　　）。

A．“应交所得税”

B．“提取资本公积”

C．“提取法定盈余公积”

D．“应付现金股利或利润”

E．“未分配利润”

5.“本年利润”账户结构所反映的内容是（　　）。

A. 借方为转入的各项费用数额

B. 贷方为转入的各项收入

C. 贷方余额为实现的利润总额

D. 借方余额表示亏损总额

E. 会计年末结转后无余额

三、判断题

1. 企业在预付货款时，应记入“预付账款”账户的贷方。（　　）

2.“生产成本”账户的借方登记在生产过程中发生的各项生产费用，期末借方余额表示期末尚未加工完成的在产品实际生产成本。（　　）

3. 由于“累计折旧”账户属于资产类账户，故其余额一般在借方，表明企业现有固定资产累计已提的折旧。（　　）

4. 企业在销售货物时，按销售额和适用税率计算并向购贷方收取的增值税“销项税额”，应通过“税金及附加”账户进行核算。（　　）

5.“本年利润”账户年末必须把余额转入“利润分配——未分配利润”账户，结转后无余额。（　　）

岗位能力测评

（一）练习筹资业务的核算。

蓝天公司 20××年 1 月发生下列经济业务。

（1）接受顺风公司投资 55 000 元存入银行。

（2）收到夏新公司投资，其中机器设备估价 10 000 元交付使用，材料价值 8 000 元验收入库。取得的增值税专用发票上注明进项税额为 2 340 元。

（3）向银行取得期限为 6 个月的借款 100 000 元存入银行。

（4）上述借款年利率为 6%，计算提取本月的借款利息。

（5）购入生产产品用的机器设备一台，增值税发票上注明的价款为 50 000 元，增值税进项税额为 6 500 元。设备已投入使用。

（6）经有关部门批准将资本公积金 81 000 元转增资本。

（7）用银行存款 40 000 元偿还到期的银行临时借款。

要求：根据上述经济业务编制会计分录。

（二）练习采购业务的核算。

蓝天公司 20××年 2 月发生下列经济业务。

（1）公司购入甲材料 3 500 千克，单价为 8 元/千克，增值税进项税额为 3 640 元，款项未付。

（2）用银行存款 1 750 元支付上述甲材料的运杂费。

（3）购入乙材料 120 吨，单价为 420 元/吨，增值税进项税额为 6 552 元，款项均通过银行付清。

（4）公司购进甲材料 1 800 千克，单价为 9 元/千克，购进丙材料 1 500 千克，单价为 5 元/千克，增值税税率为 13%，款项均已通过银行付清，另外供应单位代垫运费 3 300 元（按重量分配）。

（5）用银行存款 10 000 元预付订购材料款。

（6）以前已预付款的丁材料本月到货，价款为 72 000 元，增值税进项税额为 11 520 元。

（7）本月购入的甲、乙、丙材料均已验收入库，结转其成本。

要求：根据上述经济业务编制会计分录。

（三）练习生产业务的核算。

蓝天公司 20××年 9 月发生下列有关业务。

（1）采购员王雨预借差旅费 800 元，以现金付讫。

（2）从银行提取现金 14 080 元。

（3）以现金发放本月职工工资 14 080 元。

（4）生产甲产品领用 A 材料 800 千克，单价为 100 元/千克；生产乙产品领用 B 材料 1 200 千克，单价为 50 元/千克。车间一般性耗用 A 材料 500 元，B 材料 100 元。

（5）预提本月应负担的短期借款利息 1 000 元。

（6）摊销应由本月管理费用负担的仓库租金 3 500 元。

（7）向银行借入短期借款 80 000 元，存入银行。

（8）按规定计提本月固定资产折旧共计 12 000 元，其中生产车间提取 8 900 元，企业管理部门提取 3 100 元。

（9）采购员王雨出差回到公司报销差旅费 700 元，余款退回。

（10）结算本月应付职工工资，其用途和金额如下：

制造 A 产品工人工资	4 000 元
制造 B 产品工人工资	7 000 元
车间管理人员工资	1 000 元
行政部门管理人员工资	2 080 元

合计：14 080 元

（11）按工资总额的 14%计提本月应付福利费。

（12）将本月发生的制造费用按生产工人的工资比例进行分配结转。

（13）本月生产的甲、乙两种产品全部验收入库。

要求：根据上述经济业务编制会计分录。

（四）练习销售过程业务的核算。

蓝天公司 20××年 6 月发生下列有关业务。

（1）销售甲产品 18 台，单价为 2 000 元/台，增值税税率为 13%，价税款项暂未收到。
（2）销售乙产品总售价为 126 000 元，增值税税率为 13%，价税款项收到并存入银行。
（3）用银行存款 1 500 元支付销售产品的广告费。
（4）预收某公司订货款 20 000 元并存入银行。
（5）收到某公司还来前欠货款 200 000 元并存入银行。
（6）以银行存款支付销售产品发生的包装费、运杂费等共计 2 600 元。
（7）结转本月出售产品的生产成本，其中甲产品 21 600 元，乙产品 100 000 元。
（8）经计算本月销售产品的城建税为 1 600 元。
（五）练习财务成果形成及分配业务的核算。

蓝天公司 20××年 12 月发生如下经济业务。

（1）销售甲产品 3 600 件，单价为 50 元/件，销售乙产品 150 件，单价为 100 元/件，按 13%的税率计算增值税销项税额，货款及税款均已收到，存入银行。
（2）出租机器设备一台，取得租金收入 2 800 元，存入银行。
（3）收到罚没现金 600 元，存入银行。
（4）向灾区捐赠 3 000 元，以银行存款支付。
（5）为销售甲、乙两种产品支付广告费 3 000 元，以银行存款支付。
（6）计算本月公司管理人员工资共计 8 000 元。
（7）提取公司管理部门办公用固定资产折旧费 2 000 元。
（8）以银行存款支付管理部门办公费、水电费共计 3 000 元。
（9）预提本月银行借款利息 2 000 元。
（10）月末，结转已售甲、乙两种产品的制造成本。其中，甲产品的单位制造成本为 30 元，乙产品的单位制造成本为 60 元。
（11）月末，按甲、乙两种产品销售收入的 10%计算应交的消费税。
（12）月末，将“主营业务收入”“其他业务收入”“营业外收入”账户的本月贷方发生额，转入“本年利润”账户。
（13）月末，将“主营业务成本”“税金及附加”“营业外支出”“管理费用”“销售费用”“财务费用”账户的借方发生额，转入“本年利润”账户。
（14）月末，计算出 12 月实现的利润总额（不做会计分录）。
（15）已知：1—11 月已实现利润总额 420 000 元。按全年实现利润总额的 25%计算应交所得税。
（16）将计算的该年度所得税费用转入“本年利润”账户。
（17）将全年实现的利润净额，由“本年利润”账户转入“利润分配”账户。
（18）按税后利润净额的 10%计提法定盈余公积。
（19）按税后利润净额的 40%计算应付给投资者的利润。

要求：根据以上经济业务编制会计分录。

项目 5
设置与登记会计账簿

岗位要求

知识目标

1. 理解会计账簿的概念、意义及种类。
2. 了解会计账簿的启用、错账的查找与更正方法、对账、结账及会计账簿的保管。

能力目标

掌握序时账簿、总分类账簿、明细分类账簿的设置和登记。

案例导入

林先生注册了一家公司，由于成立初期公司规模小、资金少、业务也不多，所以林先生自己临时兼任出纳一职。但是林先生并不是出纳、会计出身，在记账中经常出现差错。因此他购买了一本活页式账簿，将库存现金日记账和银行存款日记账登记在活页式账簿中，当出现差错的时候他就把账页抽换掉，这样出现的差错就不会出现在账簿中了。

问题：

（1）库存现金日记账和银行存款日记账能否登记在活页式账簿中？

（2）库存现金日记账和银行存款日记账能否登记在同一本账簿中？

（3）当记账出现差错时，能否直接抽换账页？如果不能，应该怎样进行更正？

任务 1 会计账簿的意义和种类

1.1 会计账簿的概念和意义

1.1.1 会计账簿的概念

会计账簿简称账簿，是指由一定格式的账页组成的，以经过审核的会计凭证为依据，全面、系统、连续地记录各项经济业务的簿籍。

会计账簿是连接会计凭证和财务会计报告的中间环节，起到承上启下的作用。虽然会计凭证也是记录经济业务的会计资料，但是会计凭证对经济业务的记录是零散的且数量多，每张凭证只能反映一项经济业务的情况，不能全面、连续、系统地反映和监督经济业务的内容，且不便于日后查阅。会计账簿则可以进一步全面地、连续地汇总和整理会计资料，为经营管理提供系统、完整的核算资料。

1.1.2 会计账簿和会计账户的关系

会计账户存在于会计账簿之中，会计账簿中每张账页就是会计账户的存在形式和载体，没有会计账簿，会计账户也就无法存在。会计账簿需要借助会计账户来序时、分类地记载经济业务，会计账簿是会计账户的一种外在形式。因此，会计账簿与会计账户的关系是形式和内容的关系，会计账簿是会计账户存在的形式，会计账户是会计账簿记载的内容。

1.1.3 会计账簿的意义

登记会计账簿是会计核算方法体系中一个重要的环节，具有非常重要的作用。

1. 会计账簿可以系统、全面、连续地汇总并记录会计信息，是对凭证资料的系统总结

登记会计账簿不仅可以全面、系统、连续地记录会计信息，还可以对这些信息进行汇总整理，使之成为有用的会计信息。会计账簿既可以提供总括的核算资料，也可以提供详细的核算资料。

2. 会计账簿是生成会计报表的主要依据

会计账簿的记录为企业会计报表的生成提供了可靠的数据来源。企业在编制会计报表及附注时，对企业的经营状况、利润的实现和分配情况、各种财产物资的变动情况等，都需要会计账簿来提供数据。因此，会计账簿是否正确、真实、齐全，直接影响到会计

报表的质量。

3. 会计账簿是考核企业经营情况的重要依据

通过登记会计账簿，不仅可以监督企业遵纪守法、依法经营，还可以根据会计账簿记录的信息完整地反映企业的经营成果和财务状况。

1.2 会计账簿的基本内容

在实际工作中，由于经济业务的内容是多种多样的，因此会计账簿的形式也是多种多样的，但不论什么种类的会计账簿，其基本内容都应包括以下三个方面。

（1）封面，主要用来标明会计账簿的名称，如总分类账、各种明细分类账、库存现金日记账、银行存款日记账等。

（2）扉页，主要用来标记会计账簿的使用信息，如科目索引、账簿启用和经管人员一览表等。“账簿启用和经管人员一览表”如表 5-1 所示。

表 5-1　账簿启用和经管人员一览表

账簿名称：________　　　　单位名称：________

账簿编号：________　　　　账簿册数：________

账簿页数：________　　　　启用日期：________

会计主管：________　　　　记账人员：________

移交日期			移交人		接管日期			接管人		会计主管	
年	月	日	签名	签章	年	月	日	签名	签章	签名	签章

（3）账页是用来记录经济业务的主要载体，其主要内容包括：①会计账户的名称；②登记会计账户的日期栏；③凭证种类和编号栏；④摘要栏；⑤金额栏；⑥总页次和分户页次；等等。

1.3 会计账簿的种类

由于各个单位的经济业务及生产经营管理的要求不同，单一的会计账簿种类无法满足企业的需求，所以需要设置不同类型的会计账簿。会计账簿根据不同的标准可以进行如下分类。

1.3.1 根据用途进行分类

会计账簿根据不同的用途可以分为序时账簿、分类账簿和备查账簿。

1. 序时账簿

序时账簿又称为日记账，是对各项经济业务按照其发生时间的先后顺序逐日、逐笔登记的会计账簿。

序时账簿根据记录的内容分为普通序时账簿和特种序时账簿。普通序时账簿是对全部的经济业务按其发生时间的先后顺序逐日、逐笔登记的账簿。普通序时账簿不利于记账的分工、不利于登账、工作量大，不利于日后的查阅及对重要经济业务的严格管理。因此，在我国一般不设置普通序时账簿。特种序时账簿是对某项特定经济业务按其发生时间的先后顺序逐日、逐笔登记的账簿。在我国企事业单位中，库存现金日记账和银行存款日记账是应用比较广泛的特种序时账簿。库存现金日记账和银行存款日记账分别用来序时登记与现金和银行存款有关的经济业务。日记账可以反映和监督某类经济业务的完成情况。

2. 分类账簿

分类账簿是对各项经济业务按照分类账户设置登记的会计账簿。

分类账簿是会计账簿的主体，也是编制会计报表的主要依据。分类账簿可以反映和监督各类会计账户的增减变化过程，因此它发挥着重要的记录作用。

账簿按其反映经济业务的详略程度，可以分为总分类账簿和明细分类账簿。总分类账簿又称为总分类账，简称总账，是根据总分类账户开设的、总括地反映某类经济业务的账簿。总分类账簿主要为编制会计报表提供直接数据资料，一般采用三栏式、订本式账簿。明细分类账簿简称明细账簿，是根据明细分类账户开设的，用来详细具体地核算某类经济业务的账簿。明细分类账簿一般采用三栏式、数量金额式或多栏式活页式账簿。

总分类账簿和明细分类账簿之间是统驭控制和补充说明的关系。总分类账簿对与其相关的明细分类账簿起到统驭和控制的作用，明细分类账簿对其所属的总分类账簿起到补充和说明的作用。

3. 备查账簿

备查账簿又称为辅助登记账簿或补充登记账簿，是对某些在序时账簿和分类账簿中未能记载或记载不全的经济业务进行补充登记的会计账簿。

例如，反映企业租入固定资产的“租入固定资产登记簿”，以及对应收、应付票据分别用“应收票据备查簿”“应付票据备查簿”等。备查账簿只是对其他种类账簿的一种补充，是根据企业自身需要所设定的，没有固定统一的格式。

1.3.2 根据外形特征进行分类

会计账簿根据不同的外形特征可以分为订本式账簿、活页式账簿和卡片式账簿。

1. 订本式账簿

订本式账簿简称订本账，是在使用之前将印有专门格式的、已经编有顺序页码的、一定数量的账页装订成册的会计账簿。

订本式账簿的优点是避免账页散失、防止抽换账页；缺点是不能准确地为各个账户预留账页，留少了导致账户记录不连续、不完全，留多了导致账页浪费。而且同一本订本式账簿只能由一个人记账，不便于记账的分工。

订本式账簿一般适用于总分类账、库存现金日记账和银行存款日记账。

2. 活页式账簿

活页式账簿简称活页账，是将一定数量的账页置于活页夹内，可根据记账的需要随时增减部分账页的会计账簿。

活页式账簿的优点是可以根据实际记账的需要添加账页或者抽减账页，因此可满足多人同时记账，便于记账的分工；缺点是如果管理不善，就容易造成账页散失或者被抽换账页。因此，应妥善保管相关账页，定期整理汇总、装订成册，并按顺序重新编写页码。

活页式账簿一般适用于明细分类账。

3. 卡片式账簿

卡片式账簿简称卡片账，是用卡片做账页、存放于专设的卡片箱中的会计账簿。

卡片式账簿的优点是具有一定的灵活性，可以根据记账的需要添加新卡片账页，便于记账的分工；缺点是容易散失和被抽换。卡片式账簿不需要装订，不必编号，按记账的需要分账户加以排列即可。

卡片式账簿一般适用于固定资产明细分类账。

1.3.3 根据账页格式进行分类

会计账簿根据不同的账页格式可以分为三栏式账簿、多栏式账簿和数量金额式账簿。

1. 三栏式账簿

三栏式账簿是设有“借方”“贷方”“余额”三个金额栏的会计账簿。

三栏式账簿一般适用于库存现金日记账、银行存款日记账、总分类账，以及资本、债权、债务明细分类账。

2. 多栏式账簿

多栏式账簿是在账簿的“借方”“贷方”两个金额栏内按需要分设若干专栏的会计账簿。这种会计账簿可以按“借方”“贷方”分设多栏，也可以只设“借方”或“贷方”专栏，设置多少专栏应根据需要而定。

多栏式账簿一般适用于收入、成本、费用明细分类账。

3. 数量金额式账簿

数量金额式账簿是在账簿的“借方”“贷方”“余额”三个金额栏内再分设“数量”“单价”“金额”三个小栏，既可以反映金额又可以反映数量的会计账簿。

数量金额式账簿一般适用于库存商品、原材料等明细分类账。

任务2 设置与登记会计账簿的规则及方法

2.1 会计账簿的启用与登记规则

2.1.1 会计账簿的启用

会计账簿作为记录会计信息的档案及生成会计报表的依据，其真实性和合法性至关重要，因此必须明确相关的责任。而且为了日后便于查阅相关数据，会计账簿的启用必须遵守一定的规则。

（1）在会计账簿的封面上写明单位名称、账簿名称和所属会计年度。

（2）在会计账簿的扉页上填写“账簿启用登记和经管人员一览表”。在交接会计账簿时，原经管人员和新接手人员应按规定填写经管人员一览表并盖章，办理交接手续。

（3）在启用订本式账簿时，应该从第一页到最后一页按顺序编写页码，不得跳页、缺号。在启用活页式账簿时，应该按照账户顺序进行编号，并定期装订成册，装订成册后再根据实际使用的账页从第一页到最后一页重新按顺序编写页码。

2.1.2 会计账簿的登记规则

为了保证会计账簿登记的正确性，除了必须根据审核无误的会计凭证进行登记，符合有关法律、行政法规和国家统一的会计制度的规定，还应遵守下列登记规则。

（1）在登记会计账簿时，应将会计凭证日期、凭证号码、摘要、金额和其他相关资料逐项登记入账。同时，在会计凭证上注明账簿的页数或者画“√”以防重复登记或者漏登记。

（2）在登记会计账簿时，必须使用蓝黑墨水或者碳素墨水书写，不得使用铅笔或者圆珠笔书写，防止账簿被涂改，以满足账簿的久用性需求。红色墨水一般在以下四种情况中使用：①利用红字更正法更正记账错误；②在不设“借方”“贷方”等金额栏的多栏式账页中，登记减少数；③在三栏式账页中的余额栏前，未印明“借或贷”余额方向的，在余额栏内登记负数余额；④根据国家规定可以使用红字登记的其他会计记录。

（3）总分类账和明细分类账都应在页首列出账户目录，注明账户名称和其所在的页数，以便进行账户的查找。在登记时，必须按照账簿的页码顺序登记，不得跳行、隔页。如果发生跳行、隔页，就应该在空行或空页处用红色墨水画对角线注销，或注明“此行空白”或“此页空白”，并由记账人员签章。

（4）账簿书写必须工整、规范。数字应该靠底线书写，不能满格写，应占全格的二分之一。

（5）会计账簿需要结出余额的，应该在“借或贷”栏内注明余额方向“借”或“贷”字样。对于没有余额的账户，应该在“借或贷”栏内写“平”字，并在余额栏内“元”的位置写“0”或“θ”。

（6）每张账页第一行的“摘要”栏内一般填写“上年结转”“年初余额”“承前页”等。每张账页记账完毕以后，在账页最后一行结出发生额及余额，“摘要”栏内填写“过次页”，将此结出金额记入下一页第一行的有关金额栏内，以保证账簿记录的连续性，便于对账和结账。

注意： 对需要结出本月发生额的账户，在每页的最后一行结出的发生额合计数应为自本月初起至本页末止的发生额合计数。对需要结出本年累计发生额的账户，在每页的最后一行结出的发生额合计数应为自本年初起至本页末止的发生额合计数。对既不需要结计本月发生额也不需要结计本年累计发生额的账户，可以只将每页末的余额结转次页。

（7）各种账簿在月末、季末、年末都需要结账。

（8）在登记账簿的过程中发生错误时，必须按照规定的更正方法进行更正，不得随意涂改、刮擦。

2.2 会计账簿的设置与登记方法

会计账簿根据不同的标准分为不同种类的账簿，但是根据用途进行分类的几种账簿得到了广泛的应用。

2.2.1 序时账簿的设置与登记方法

序时账簿中的库存现金日记账和银行存款日记账应用比较广泛。

在我国，大多数企业一般只设库存现金日记账和银行存款日记账。库存现金日记账和银行存款日记账能够逐日、逐笔登记现金和银行存款的收支情况，及时结出余额，有利于对现金和银行存款进行严格的控制和监督。

1. 库存现金日记账的设置与登记方法

库存现金日记账通常是由出纳员根据审核无误的库存现金收款凭证、库存现金付款凭证、银行存款付款凭证按照经济业务发生时间的先后顺序逐日、逐笔进行登记的。其主要用来核算和监督现金的日常收、付、结存情况。库存现金日记账主要采用三栏式格式，用其反映现金的收入、支出和结存情况；也可采用多栏式格式，这种格式既可以将收入和支出的核算在一本账上进行，又可以分设“库存现金收入日记账”和“库存现金支出日记账”。库存现金日记账必须采用订本式账簿。库存现金日记账三栏式格式如表 5-2 所示。

表 5-2 库存现金日记账

单位：元

20××年		凭证号数	对方科目	摘　要	√	借　方	贷　方	余　额
月	日							
1	1			上年结转				6 450
1	2	现收 1	其他应收款	报销差旅费		320		6 770
1	4	银付 1	银行存款	提现		58 000		64 770
1	5	现付 1	应付职工薪酬	付职工工资			58 000	6 770
1	7	现付 2	管理费用	支付招待费			600	6 170
1	9	现付 3	应付职工薪酬	付职工医药费			3 265	2 905
…	…	…	…	…		…	…	…
1	21	现收 5	其他应收款	报销差旅费		500		11 005
1	23	现付 12	制造费用	车间机器修理费			100	10 905
				过次页		76 320	71 865	10 905

登记方法：

（1）第一栏为记账日期栏，登记记账凭证的日期，应与现金实际收付的日期一致。

（2）第二栏为凭证号数栏，登记收付款凭证的种类，如“现收”“现付”“银付”，除此之外，还应登记编号数，以便查账和核对。

（3）第三栏为对方科目栏，登记与现金收入的来源或支出的去向有关的会计科目，如从银行提取现金，其来源科目（对方科目）为“银行存款”。

（4）第四栏为摘要栏，简要说明经济业务的内容。

（5）第五栏为“√”栏，登记该项经济业务是否已经记账。

（6）第六栏为借方栏，登记现金的收入金额。根据收款凭证，登记现金实际收入的金额，每日终了，应计算出现金收入的合计数。注意从银行提取现金，是以银行存款付款凭证来反映的，登记现金收入时，要特别注意银行存款付款凭证。

（7）第七栏为贷方栏，登记现金的支出金额。根据付款凭证，登记现金实际支出的金额，每日终了，应计算出现金支出的合计数。

（8）第八栏为余额栏，登记现金余额的情况。余额计算公式如下：

本日余额=昨日余额+本日收入金额合计-本日支出金额合计

库存现金日记账必须逐日结出余额。余额结出后，由出纳员盘点现金实有数额，核对账实是否相符。如果账实不符，必须查明原因。月终同样要结出现金收入、支出合计数和余额，做到日清月结。

2. 银行存款日记账的设置与登记方法

银行存款日记账通常是由出纳员根据审核无误的银行存款收款凭证、银行存款付款凭证、库存现金付款凭证按照经济业务发生时间的先后顺序逐日、逐笔进行登记的。其主要用来核算和监督银行存款的日常收、付、结存情况。银行存款日记账主要采用三栏式格式，用其反映银行存款的收入、支出和结存情况；也可采用多栏式格式。其格式同库存现金日记账一致。银行存款日记账也必须采用订本式账簿。银行存款日记账三栏式格式如表 5-3 所示。

表 5-3　银行存款日记账

单位：元

20××年		凭证号数	对方科目	摘　要	√	借　方	贷　方	余　额
月	日							
12	1			期初余额				238 600
12	1	银收 1	短期借款	借款		50 000		288 600
12	5	银付 1	在途物资	付运费款			3 200	285 400
12	14	银付 2	库存现金	提现			58 000	227 400
12	26	银付 3	制造费用等	付水电费			2 400	225 000
12	31	银付 4	营业外支出	付排污超标罚款			1 500	223 500
12	31	银付 5	销售费用	付运杂费			500	223 000
12	31	银付 6	应付利息	付借款利息			900	222 100
				本月合计		50 000	66 500	222 100
				本年累计		439 650	403 550	222 100
				结转下年				222 100

登记方法同库存现金日记账一致，此处不再赘述。但同样要注意，如果把现金存入

银行，需要用库存现金付款凭证来反映，所以在登记银行存款收入的时候，一定要特别注意库存现金付款凭证。

2.2.2　总分类账簿的设置与登记方法

总分类账簿简称总账，是根据总分类账户开设的、总括地反映某类经济业务的会计账簿。一本总账基本上包括了一个单位所有的总分类账户，每个总分类账户在总分类账簿里占有独立的账页。总分类账簿可以为编制会计报表和进行会计分析及检查提供资料。

总分类账簿最常用的格式是三栏式格式，采用订本式账簿。总分类账簿的三栏式格式如表 5-4 所示。

表 5-4　总分类账簿

会计科目：短期借款　　　　单位：元

20××年		凭证号数	摘　要	借　方	贷　方	借或贷	余　额
月	日						
12	1		期初余额			贷	50 000
12	1	银收 1	借款		50 000	贷	100 000
12	31		本月合计		50 000	贷	100 000
			…				

总分类账簿根据账务处理程序的不同而采用不同的登记方法。

（1）采用记账凭证账务处理程序的单位，应根据记账凭证和本单位业务量的多少每三天、或五天、或十天登记一次。这种方法主要适用于经济业务量少的小型单位。

（2）采用科目汇总表账务处理程序的单位，应根据定期汇总的科目汇总表随时登记。这种方法主要适用于经济业务量多的大型、中型单位。

（3）采用汇总记账凭证账务处理程序的单位，应根据汇总收款凭证、汇总付款凭证、汇总转账凭证合计数，月终一次登记总账。这种方法主要适用于经济业务量多的大型、中型单位。

（4）各栏登记方法同库存现金日记账一致，第六栏“借或贷”表示余额的方向，如果余额在借方，此处注明“借”，如果余额在贷方，此处注明“贷”。如果余额为零，此处注明“平”。

2.2.3　明细分类账簿的设置与登记方法

明细分类账簿简称明细账簿，是根据明细分类账户开设的，用来详细地核算某类经济业务的会计账簿。明细分类账簿能提供交易或事项比较详细的核算资料。明细分类账簿一般根据记账凭证和相应的原始凭证进行登记。明细分类账簿一般采用活页式账簿，固定资产明细分类账等则采用卡片式账簿。

明细分类账簿通常采用三种格式：三栏式、多栏式和数量金额式。

1. 三栏式明细分类账

三栏式明细分类账账页设有“借方”“贷方”“余额”三个金额栏。三栏式明细分类账只登记金额，适用于资本、债权、债务明细分类账，如“其他应收款明细分类账”（见表 5-5），其格式与三栏式总账基本相同。

表 5-5 其他应收款明细分类账

明细科目：张华　　单位：元

20××年		凭证号数	摘要	借方	贷方	借或贷	余额
月	日						
5	1		期初余额			借	400
5	6	现付 1	报销差旅费		350	借	50
5	6	转 5	报销差旅费		50	平	0
5	31		本月合计		400	平	0
			…				

2. 多栏式明细分类账

多栏式明细分类账是在账页的“借方”“贷方”两个金额栏内按需要分设若干明细专栏。这种格式适用于收入、成本、费用明细分类账，如“生产成本明细分类账”，其格式如表 5-6 所示。

表 5-6 生产成本明细分类账

明细科目：A 产品　　单位：元

20××年		凭证号数	摘要	借方				贷方	余额
月	日			直接材料	直接人工	制造费用	合计		
6	1		期初余额	6 000	3 400	1 600	11 000		11 000
6	30	略	本月领用材料	13 000			13 000		24 000
6	30	略	生产工人薪酬		7 400		7 400		31 400
6	30	略	本月制造费用			2 450	2 450		33 850
6	30	略	结转完工成本					33 850	0
6	31		本月合计	13 000	7 400	2 450	22 850	33 850	0
			…						

3. 数量金额式明细分类账

数量金额式明细分类账，是在“借方”“贷方”“余额”三个金额栏内再分设“数量”“单价”“金额”三个小栏，既可以反映金额又可以反映数量的会计账簿。数量金额式明细分类账的账页提供了有关企业财产物资数量和金额收入、发出、结存情况的详细资料，进而加强对财产物资的实物管理和使用监督，保证财产物资的安全完整。数量金额式明细分类账一般适用于库存商品、原材料等财产物资的明细分类账，如“原材料明细分类账”，其格式如表 5-7 所示。

表 5-7 原材料明细分类账

明细科目：甲材料

20××年		凭证号数	摘要	收入			发出			结存		
月	日			数量（个）	单价（元/个）	金额（元）	数量（个）	单价（元/个）	金额（元）	数量（个）	单价（元/个）	金额（元）
5	1		月初							1 000	100	100 000
5	6	略	购入	2 000	100	200 000				3 000	100	300 000
5	6	略	领用				500	100	50 000	2 500	100	250 000
			…									

2.2.4 总分类账簿和明细分类账簿的平行登记

平行登记是指对发生的每项经济业务，根据同一会计凭证，既在有关的[illegible]中进行登记，又在相关明细分类账簿中进行登记的方法。平行[illegible]

（1）同期间。发生的经济业务在记入总分类账簿和明细分类账簿的时间可以有先后，但是必须在同一会计期间内。

（2）同方向。发生的经济业务在记入总分类账簿和明细分类账簿时，其变动方向应该是一致的，在总分类账簿中登记增加，在明细分类账簿中也应登记增加。

（3）同金额。记入总分类账簿的金额应该与记入相关明细分类账簿中的金额合计数相等。

任务 3 查找与更正错账

在日常的记账过程中，会因为各种各样的原因导致账簿记录出错，所以记账之后、结账之前必须进行仔细的检查和查找。当发现记账错误时，必须加以更正。但是不能随意更正，不能涂改、挖补、刮擦或者用药水消除字迹，不得重新抄写，必须按照一定规则采用正确的、规范的方法予以更正。

3.1 查找错账

查找错账的方法主要有两种：个别检查法和全面检查法。

3.1.1 个别检查法

个别检查法就是针对错账的数字进行检查的方法。这种方法主要用于查找金额方向记反、数字错位和数字颠倒等错误。个别检查法又可以分为差数法、倍数法和除 9 法。

（1）差数法是指记账人员首先确定错账的差数，再根据差数进行查找的方法。这种方法主要适用于漏记账目。

（2）倍数法，也称为除 2 法，是指先算出借贷两方的差额，再根据差额的一半来查找错误的方法。这种方法主要适用于记账方向错误。

（3）除 9 法是指先算出借贷两方的差额，再除以 9 来查找错误的方法。这种方法主要适用于数字错位和数字颠倒两种情况。

3.1.2 全面检查法

全面检查法是指对一定时期的账目进行全面核对的检查方法。这种方法又可分为顺[illegible]查法。

[illegible]照记账的顺序，依次全面检查原始凭证、记账凭证、总分类账和[illegible]额表等的方法。

（2）逆查法是指按照与记账顺序相反的顺序进行账目检查的方法。也就是说，先检查会计科目余额表中的数字计算是否正确，再检查各会计账户的计算是否正确，然后核对各个会计账簿与记账凭证是否相符，最后检查记账凭证和原始凭证是否相符。

3.2 更正错账

更正错账的方法一般有划线更正法、红字更正法和补充登记法三种。

3.2.1 划线更正法

在登账时或结账前发现账簿记录有错，但是记账凭证没有错误时，应该采用划线更正法。

划线更正法就是在账簿错误的文字或金额上用一条红线表示注销，再在红线上方或正确位置填写正确的文字或金额，并由记账人员在更正处盖章，以明确责任。

需要注意的是，如果文字错误可以只划掉错误的文字，但是如果数字错误，必须将全部数字划掉，再重新书写更正。例如，将“236”错写成“239”，必须将“239”全部用红线划掉，更正为“236”，而不能只将“9”划掉。

【例 5-1】记账员在登账时发现将“生产成本”账户的借方金额“3 000”误记成“300”，记账凭证无误。

更正方法：将错误的金额“300”全部划掉，在红线上方写上正确的金额“3 000”，并在更正处盖章，如表 5-8 所示。

表 5-8　生产成本明细分类账

明细科目：A 产品　　　　　　　　　　　　　　　　　　　　　　　　　　　　单位：元

20××年		凭证号数	摘　要	借　方				
月	日			直接材料	直接人工	制造费用		合　计
			略					
略	略	略	车间修理费	3 000 ~~300~~	章			
			略					

3.2.2　红字更正法

在记账后发现记账凭证中会计科目错误或者记账凭证中会计科目无误，但是所记金额大于实际金额而导致记账错误时，应该采用红字更正法。

当发现记账凭证中会计科目错误时，先用红字（只需要金额是红字，下同）填写一张与原错误记账凭证完全相同的记账凭证，摘要栏内注明“注销某号凭证”，并据此凭证用红字（只需要金额是红字，下同）登记入账，以示注销之前的记账错误，再用蓝字填写一张正确的记账凭证，并据此凭证用蓝字登记入账。

当发现记账凭证中会计科目无误，但所记金额大于实际金额时，用红字填写一张与原记账凭证会计科目及记账方向相同的记账凭证，金额填写所记金额与实际金额的差额，摘要栏内注明“冲减某号记账凭证多记金额”，用以冲销多记金额，并据此凭证用红字登记入账。

【例 5-2】本月应计提车间固定资产折旧 10 000 元，编制以下记账凭证并登记入账，如表 5-9 至表 5-11 所示。

表 5-9　转账凭证

20××年××月××日　　　　　　　　　　　　　　　　　　　　　　　　　转字第 15 号

摘　要	总分类科目	明细分类科目	√	借方金额										贷方金额									
				千	百	十	万	千	百	十	元	角	分	千	百	十	万	千	百	十	元	角	分
计提车间固定资产折旧	生产成本						1	0	0	0	0	0	0										
	累计折旧																1	0	0	0	0	0	0
合计						¥	1	0	0	0	0	0	0			¥	1	0	0	0	0	0	0

附凭证　张

会计主管：　　　　记账：　　　　出纳：　　　　审核：　　　　制单：

表 5-10　生产成本明细分类账

明细科目：A 产品

20××年		凭证号数	摘　要	借　方				
月	日			直接材料	直接人工	制造费用	其　他	合　计
			略					
略	略	转 15	车间固定资产修理费				10 000	10 000
			略					
			略					

表 5-11　总分类账

会计科目：累计折旧

20××年		凭证号数	摘　要	借　方	贷　方	借或贷	余　额
月	日						
			略				
略	略	转 15	计提车间固定资产折旧		10 000		

更正方法：

（1）先用红字填写一张与上述凭证科目、金额、方向一致的凭证，并据此凭证用红字登账，如表 5-12 至表 5-14 所示。

表 5-12　转账凭证

20××年××月××日　　　　转字第 30 号

摘　要	总分类科目	明细分类科目	√	借方金额										贷方金额									
				千	百	十	万	千	百	十	元	角	分	千	百	十	万	千	百	十	元	角	分
注销转字第 15 号凭证	生产成本						1	0	0	0	0	0	0										
	累计折旧																1	0	0	0	0	0	0
合计						¥	1	0	0	0	0	0	0			¥	1	0	0	0	0	0	0

会计主管：　　　记账：　　　出纳：　　　审核：　　　制单：

表 5-13　生产成本明细分类账

明细科目：A 产品

20××年		凭证号数	摘　要	借　方				
月	日			直接材料	直接人工	制造费用	其　他	合　计
			略					

续表

20××年		凭证号数	摘　要	借　方				
月	日			直接材料	直接人工	制造费用	其　他	合　计
略	略	转 15	车间固定资产折旧				10 000	10 000
略	略	转 30	注销转字第 15 号凭证				10 000	10 000
			略					

表 5-14　总分类账

会计科目：累计折旧

20××年		凭证号数	摘　要	借　方	贷　方	借或贷	余　额
月	日						
			略				
略	略	转 15	计提车间固定资产折旧		10 000		
略	略	转 30	注销转字第 15 号凭证		10 000		

（2）用蓝字填写一张正确的凭证，并据此凭证登账，如表 5-15 至表 5-17 所示。

表 5-15　转账凭证

20××年××月××日　　　　转字第 31 号

摘　要	总分类科目	明细分类科目	√	借方金额										贷方金额									
				千	百	十	万	千	百	十	元	角	分	千	百	十	万	千	百	十	元	角	分
更正转字第 15 号凭证	制造费用						1	0	0	0	0	0	0										
	累计折旧																1	0	0	0	0	0	0
合计						¥	1	0	0	0	0	0	0			¥	1	0	0	0	0	0	0

附凭证　张

会计主管：　　记账：　　出纳：　　审核：　　制单：

表 5-16　制造费用明细分类账

明细科目：一车间

20××年		凭证号数	摘　要	借　方				
月	日			工　资	折旧费	修理费	其　他	合　计
			略					
略	略	转 31	更正转字第 15 号凭证，计提车间固定资产折旧		10 000			10 000
			略					

表 5-17　总分类账

会计科目：累计折旧

20××年		凭证号数	摘　要	借　方	贷　方	借或贷	余　额
月	日						
			略				
略	略	转 15	计提车间固定资产折旧		10 000		
略	略	转 30	注销转字第 15 号凭证		10 000		
略	略	转 31	更正转字第 15 号凭证，计提车间固定资产折旧		10 000		

【例 5-3】本月生产 A 产品领用材料费 25 600 元，编制以下记账凭证，并登记入账（账簿略），如表 5-18 所示。

表 5-18　转账凭证

20××年××月××日　　　　　　　　　　　　　　　　　　　　转字第 16 号

摘　要	总分类科目	明细分类科目	√	借方金额										贷方金额									
				千	百	十	万	千	百	十	元	角	分	千	百	十	万	千	百	十	元	角	分
生产领用材料	生产成本						2	6	5	0	0	0	0										
	原材料																2	6	5	0	0	0	0
合计						¥	2	6	5	0	0	0	0			¥	2	6	5	0	0	0	0

附凭证　张

会计主管：　　　　记账：　　　　出纳：　　　　审核：　　　　制单：

更正方法：用红字填一张与上述凭证的会计科目、记账方向相同的会计凭证，金额为二者的差额。据此凭证用红字进行登账（登账过程参照前面所述，此处不再赘述），如表 5-19 所示。

表 5-19　转账凭证

20××年××月××日　　　　　　　　　　　　　　　　　　　　转字第 32 号

摘　要	总分类科目	明细分类科目	√	借方金额										贷方金额									
				千	百	十	万	千	百	十	元	角	分	千	百	十	万	千	百	十	元	角	分
冲减转字第 16 号记账凭证多记金额	生产成本								9	0	0	0	0										
	原材料																		9	0	0	0	0
合计								¥	9	0	0	0	0					¥	9	0	0	0	0

附凭证　张

会计主管：　　　　记账：　　　　出纳：　　　　审核：　　　　制单：

3.2.3　补充登记法

在记账后发现记账凭证中会计科目无误，但所记金额小于实际金额，导致记账错误时，应该采用补充登记法。

补充登记法，即用蓝字填写一张与原记账凭证会计科目、记账方向相同的记账凭证，金额填写所记金额与实际金额的差额，摘要栏内注明“补记某号记账凭证少记金额”，用以补记少记金额，并据此凭证用蓝字登记入账。

【例 5-4】用银行存款 1 650 元购买原材料，增值税为 214.5 元，材料尚未入库。编制以下记账凭证（见表 5-20），并登记入账（账簿略）。

表 5-20　转账凭证

20××年××月××日　　　　　　　　　　　　　　　　　　　　转字第 17 号

摘　要	总分类科目	明细分类科目	√	借方金额										贷方金额									
				千	百	十	万	千	百	十	元	角	分	千	百	十	万	千	百	十	元	角	分
购买材料	在途物资							1	5	6	0	0	0										
	应交税费	应交增值税							2	1	4	5	0										
	银行存款																	1	7	7	4	5	0
合计							¥	1	7	7	4	5	0				¥	1	7	7	4	5	0

附凭证　张

会计主管：　　　记账：　　　出纳：　　　审核：　　　制单：

更正方法：用蓝字填写一张与上述记账凭证会计科目、记账方向相同的记账凭证（见表 5-21），金额为二者的差额，并据此凭证登账（登账略）。

表 5-21　转账凭证

20××年××月××日　　　　　　　　　　　　　　　　　　　　转字第 33 号

摘　要	总分类科目	明细分类科目	√	借方金额										贷方金额									
				千	百	十	万	千	百	十	元	角	分	千	百	十	万	千	百	十	元	角	分
补记转字第17号记账凭证少记金额	在途物资									9	0	0	0										
	银行存款																			9	0	0	0
合计									¥	9	0	0	0						¥	9	0	0	0

附凭证　张

会计主管：　　　记账：　　　出纳：　　　审核：　　　制单：

任务 4　对账和结账

4.1　对账

对账即核对账目，是指对账簿记录所进行的核对，以保证账证相符、账账相符、账实相符、账表相符。在日常的记账工作中，因为种种原因，难免会发生各种差错和账实不符的情况。因此，为了避免差错和账实不符对会计信息的影响，为了保证会计记录的正确性和会计报表数据的真实可靠，必须进行对账。对账一般分为账证核对、账账核对、账实核对、账表核对。

1. 账证核对

账证核对是指对各种会计账簿（总分类账、明细分类账、库存现金日记账及银行存款日记账）和各种会计凭证（记账凭证、原始凭证）进行核对，核对账簿记录与原始凭证、记账凭证记录的时间、凭证字号、内容、金额等是否一致，记账方向是否相符，应做到账证相符。账证核对一般在日常工作中进行。

2. 账账核对

账账核对是指在各种会计账簿之间进行核对。其具体内容如下。

（1）在各个总分类账之间进行核对。根据“资产=负债+所有者权益”的会计恒等式和“有借必有贷，借贷必相等”的记账规则，各个总分类账的本期借方发生额合计数与本期贷方发生额合计数应相符，期末借方余额合计数与期末贷方余额合计数应相符，以此等式来检查总账记录是否正确、完整。

（2）在总分类账与其相关的明细分类账之间进行核对。根据平行登记的原则，总分类账中各个账户的借方、贷方本期发生额和期末余额应与其相关的明细分类账的借方、贷方本期发生额和期末余额之和核对相符。

（3）在总分类账和库存现金日记账、银行存款日记账之间进行核对。库存现金总账、银行存款总账的期末余额应与库存现金日记账、银行存款日记账的期末余额核对相符。

（4）在各个明细分类账之间进行核对。会计部门的财产物资明细分类账期末余额应与财产物资保管和使用部门的财产物资明细分类账期末余额核对相符。

3. 账实核对

账实核对是指将各种财产物资、债权、债务等的账面余额与实存数额进行核对。账实核对一般通过财产清查进行，账实核对的内容包括以下几个方面。

（1）库存现金日记账的账面余额与库存现金实有数应逐日核对是否相符。

续表

20××年		凭证号数	摘　要	借　方	贷　方	借或贷	余　额
月	日						
			本季累计	235 300	226 300		
			…				
12	31	汇 3	21—31 日汇总	21 600	13 200	贷	1 000
			本月合计	56 000	78 000	贷	1 000
			本季合计	275 000	310 000		
			本年累计	1 263 000	1 252 000		
			结转下年			贷	1 000

4.3　会计账簿的保管

会计账簿作为会计工作重要的历史资料和经济档案，必须妥善保管，不得丢失和任意销毁。会计账簿的保管既要安全、完善、机密，又要保证可以随时查阅和使用。在会计账簿交接保管时，应将会计账簿的页数、记账人员、启用日期、交接日期等列表附在会计账簿的扉页上，由相关人员签名、盖章。存档后的会计账簿，在调阅时必须提出理由，经会计主管人员批准，在保管员的陪同下方可查阅，原则上不得外借。

新会计年度对更换下来的旧会计账簿应进行整理、分类，对有些缺少手续的会计账簿，应补办必要的手续，然后装订成册，并编制目录，办理移交手续。

会计账簿应按照规定的期限保管：总分类账、明细分类账、日记账、其他辅助性会计账簿的保管期限为 30 年，固定资产卡片在固定资产报废清理后保管期限为 5 年。

会计账簿保管期满后，应按照《会计档案管理办法》的规定，由档案管理机构会同有关部门共同鉴定，报经批准后进行处理。

【知识拓展】

会计账簿启用与交接手续错误

2018 年 12 月 7 日，利达公司的张涛（此前，张涛已于 2018 年 9 月 1 日开始做了三个月的出纳工作。当时的财务负责人为刘洋，此前的出纳员为孙娟）被调离了出纳岗位，接任材料会计，新出纳员是刘乐乐，前任材料会计为吴梅。张涛和吴梅对各自的原工作做了他们认为必要的处理，并办理了交接手续。现金日记账与原材料明细分类账的账簿启用和经管人员情况如表 5-23、表 5-24 所示。

表 5-23　会计账簿启用和经管人员一览表（现金日记账）

账簿名称：现金日记账　　　　　　单位名称：利达公司

账簿编号：　　　　　　　　　　　账簿册数：

账簿页数：自壹页起至壹百页止共壹百页　　启用日期：2018 年 1 月 1 日

会计主管：刘洋　　　　　　　　　记账人员：

移交日期			移交人	接管日期			接管人	会计主管
年	月	日	签名	年	月	日	签名	签名
				2018	9	1	张涛	刘洋
2018	12	7	张涛	2018	12	7	刘乐乐	刘洋

表 5-24　会计账簿启用和经管人员一览表（原材料明细分类账）

账簿名称：原材料明细分类账　　　　单位名称：利达公司

账簿编号：　　　　　　　　　　　账簿册数：

账簿页数：自壹页起至壹百页止共壹百页　　启用日期：2018 年 1 月 1 日

会计主管：刘洋　　　　　　　　　记账人员：

移交日期			移交人	接管日期			接管人	会计主管
年	月	日	签名	年	月	日	签名	签名
				2018	3	5	吴梅	刘洋
2018	12	7	吴梅	2018	12	7	张涛	刘洋
2018	12	31	张涛	2018	12	31		刘洋

思考与讨论：

请你指出张涛在会计处理工作中的不当之处，并加以纠正。

错误 1：张涛是 2018 年 9 月 1 日接任出纳员一职的，但在现金日记账的扉页中没有张涛接任出纳前的相关记录及张涛接任时的账簿交接记录。

错误 2 ：在原材料明细分类账的扉页中，向吴梅交接会计账簿的移交人不明，张涛交出会计账簿的日期为 2018 年 12 月 31 日不一定准确，2018 年 12 月 31 日尚未到，2018 年 12 月 31 日会计主管人员刘洋的监交记录不应该有。

在手工会计记账的条件下，会计账簿是会计数据的储存转换器，也是实现内部控制、明确经济责任的重要工具。会计账簿的运用分为启用、日常登记、错账更正、对账、结账、交接等环节。在记账人员更换时，应按相关要求办理相关的财物和账簿交接手续，在盘存相关财物后，填制财物移交清册，并在相关会计账簿的扉页上详尽记录相关交接内容，履行相关交接手续。

基础知识测评

一、单项选择题

1．下列各项中，关于订本账的表述不正确的是（　　）。
A．库存商品明细分类账使用订本账
B．总分类账使用订本账
C．订本账能避免账页散失
D．订本账能防止抽换账页

2．对某些在序时账簿和分类账簿中未能记载的经济事项进行补充登记的会计账簿是（　　）。
A．联合账簿　　B．序时账簿
C．分类账簿　　D．备查账簿

3．银行存款日记账的借方除了需要根据银行存款收款凭证进行登记，有时还需要根据（　　）进行登记。
A．银行存款付款凭证　　B．库存现金收款凭证
C．库存现金付款凭证　　D．转账凭证

4．多栏式现金日记账属于（　　）。
A．备查账簿　　B．分类账簿
C．序时账簿　　D．联合账簿

5．在记账后发现记账凭证和会计账簿记录中应借、应贷的会计科目正确，只是登记的金额小于应记金额的，应采用的会计更正方法是（　　）。
A．划线更正法　　B．红字更正法
C．补充登记法　　D．横线登记法

二、多项选择题

1．下列属于按外形特征进行分类的会计账簿是（　　）。
A．备查账簿　　B．订本式账簿
C．活页式账簿　　D．卡片式账簿

2．三栏式明细分类账格式适用于（　　）。
A．应收账款明细分类账　　B．生产成本明细分类账
C．应付账款明细分类账　　D．制造费用明细分类账

3．收回货款 60 000 元存入银行，记账凭证中借记“银行存款 60 000”，贷记“库存现金 60 000”并已登记入账。更正时需要做的会计分录包括（　　）。
A．蓝字借记“应收账款 60 000”，贷记“银行存款 60 000”
B．红字借记“库存现金 60 000”，贷记“银行存款 60 000”

C．红字借记“银行存款 60 000”，贷记“库存现金 60 000”
D．蓝字借记“银行存款 60 000”，贷记“应收账款 60 000”

4．红字更正法适用于（　　）。
A．记账后，发现会计账簿上数字有误，记账凭证无误
B．记账后，发现记账凭证上的应借、应贷科目有误
C．记账后，发现记账凭证上的金额大于实际金额
D．记账后，发现记账凭证上的金额小于实际金额

5．下列属于账账核对的有（　　）。
A．在总分类账与其相关的明细分类账之间的核对
B．在各总分类账之间的核对
C．在各明细分类账之间的核对
D．在总分类账与备查账簿之间的核对

三、判断题

1．账证核对是指将账簿记录和会计凭证进行核对。（　　）
2．银行存款日记账应属于总分类账。（　　）
3．在记账以后，发现所记金额小于应记金额，但记账凭证正确，应采用红字更正法进行更正。（　　）
4．现金日记账必须采用订本式账簿。（　　）
5．会计账簿按用途分类可以分为序时账簿、分类账簿和备查账簿三种。（　　）

岗位能力测评

练习错账更正方法。

某企业将账簿记录与记账凭证进行核对时，发现下列经济业务内容的账簿记录有误。

1．开出 600 元现金支票，支付企业管理部门的日常办公开支。原编记账凭证的会计分录如下。

借：管理费用——办公费　　600
　　贷：库存现金　　600

2．签发 3 000 元转账支票，支付本季度办公用房租金。原编记账凭证的会计分录如下。

借：销售费用——租赁费　　3 000
　　贷：银行存款　　3 000

3．结转本月实际完工产品的生产成本 49 000 元。原编记账凭证的会计分录如下。

借：库存商品　　94 000
　　贷：生产成本　　94 000

4．购入甲材料一批，共计货款 7 600 元（含增值税，税率为 13%）。原编记账凭证的会计分录如下。

借：在途物资——甲材料　　7 600

　　贷：银行存款　　7 600

5．计提本月固定资产折旧费 4 100 元。原编记账凭证的会计分录如下。

借：管理费用——折旧费　　1 400

　　贷：银行存款　　1 400

6．结算本月应付职工工资，其中生产工人工资为 14 000 元，管理人员工资为 3 400 元。原编记账凭证的会计分录如下。

借：生产成本　　1 400

　　管理费用　　340

　　贷：应付职工薪酬——工资　　1 740

7．结转本期商品销售收入 48 000 元。原编记账凭证的会计分录如下。

借：本年利润　　45 000

　　贷：主管业务收入　　45 000

8．用银行存款支付所欠供货单位货款 7 600 元。原编记账凭证的会计分录如下。

借：应付账款——××单位　　6 700

　　贷：银行存款　　6 700

9．以现金支付采购人员差旅费 2 000 元。原编记账凭证的会计分录如下。

借：其他应付款——×××　　2 000

　　贷：库存现金　　2 000

10．车间管理人员出差回来报销差旅费 1 900 元，交回现金 100 元，予以转账。原编记账凭证的会计分录如下。

借：管理费用——差旅费　　1 900

　　库存现金　　100

　　贷：其他应收款——×××　　2 000

要求：将上列各项经济业务的错误记录分别以适当的更正错账方法予以更正。

项目 6
财产清查

岗位要求

知识目标

1. 理解财产清查的意义及种类。
2. 了解财产清查的准备工作。
3. 掌握财产清查的方法及清查结果的处理方法。

能力目标

1. 能胜任货币资金、实物财产、债权、债务等财产清查工作。
2. 能进行财产清查后的账务处理。

案例导入

小李是甲公司的出纳员，6 月 30 日收到甲公司开户行寄来的 6 月份对账单。对账单中显示，截至 6 月 30 日甲公司银行存款余额为 167 500 元，小李登记的银行存款日记账的同期账面余额为 146 500 元。经过逐笔仔细核对，小李发现本月 28 日甲公司开出的用于支付材料款的一张转账支票计 24 000 元和本月 29 日因销售产品收到的一张转账支票计 7 000 元，甲公司日记账中都已登记而银行对账单上却没有登记；本月 29 日甲公司委托银行收款 8 000 元和本月 30 日银行代扣电话费 4 000 元，银行对账单都已记录而甲公司日记账中却没有登记。

问题：

（1）为什么甲公司银行存款日记账余额和银行对账单余额会不一致？

（2）为什么有些经济业务甲公司银行存款日记账或银行对账单中没有记录？是小李或银行漏记了这些业务，还是其他什么原因？

任务 1　财产清查的种类与准备

1.1　财产清查及其意义

财产清查是指通过对财产物资、库存现金的实地盘点和对银行存款、债权、债务的查对，确定其实有数额与账面结存数额是否相符的一种专门方法。

我国《会计法》规定："各单位应当定期将会计账簿记录与实物、款项及有关资料相互核对，保证会计账簿记录与实物及款项的实有数额相符。"但在实际工作中，由于人为和自然因素，会计账簿账面数额与实存数额往往不一致，因而产生各种差异。例如，在实物资产的收发过程中，由于计量、计算或检验不准确而发生品种数量、质量上的差错；在实物资产的保管过程中，因为自然损耗或升溢而造成的数量和质量上的变化；自然灾害造成的资产损失等。除以上客观因素外，还存在一些人为因素，如因管理不善或工作人员失职而造成的损坏、霉变、偷窃、贪污，以及因责任心不强而出现的错记、漏记、重记等情况。

运用财产清查手段对各项财产物资进行定期或不定期的核对与盘点，具有十分重要的意义，主要体现在以下几个方面。

1. 保证账实相符，达到会计信息真实、可靠的要求

通过财产清查，可以确定各项财产物资的实际结存数，将账面数额与实存数额核对，可以揭示溢缺情况，从而及时调整账面结存数，保证账簿记录真实、可靠。

2. 挖掘财产潜力，加速资金周转

通过财产清查，可以掌握各项财产物资的存储、利用与保管情况，及时处理积压闲置资产，调剂余缺，充分挖掘潜力，加速资金周转，提高企业的竞争力和经济效益。

3. 改进保管工作，提高管理水平

通过财产清查，可以查明发生差错的原因及管理上存在的漏洞，建立健全各项规章制度，杜绝一切违反国家财经法律、法规的现象，保护财产安全、完整，提高企业的管理水平。

1.2　财产清查的种类

1. 按清查的对象和范围可分为全面清查和局部清查

（1）全面清查。全面清查是指对企业的全部财产物资进行盘点和核对。一般包括以

下几项内容。

①库存现金、银行存款、其他货币资金等货币资金和有价证券等。

②固定资产、原材料、在产品、库存商品及其他物资。

③在途的各项材料物资、货币资金等。

④各种往来结算款项、预算缴拨款项和银行借款。

⑤委托其他单位代保管、代加工的各项材料物资等。

全面清查涉及范围广、内容多、花费时间长，参加人员也多，一般在下述几种情况下进行。

①年末结算前，需要进行全面清查。

②单位撤销、倒闭、合并或改变隶属关系时，需要进行全面清查。

③开展清产核资时，需要进行全面清查。

④单位主要负责人调离工作岗位时，需要进行全面清查。

（2）局部清查。局部清查也称为重点清查，是指根据管理需要，对部分财产物资进行盘点和核对。一般情况下，清查的重点是流动性较大的财产和一些贵重物资，通常包括以下几项内容。

①对于库存现金，应由出纳员在每日业务终了时清点核对。

②对于银行存款和银行借款，应由出纳员每月与银行通过对账单核对。

③对于原材料、库存商品、在产品、在途物资及贵重物品，应每月清查盘点一次。

④对于各种债权、债务，每年至少应核对一至两次。

2. 按清查的时间可分为定期清查和不定期清查

（1）定期清查。定期清查是指根据计划安排好的时间对财产物资进行的清查。一般是在月末、季末、年末结账前进行，可以是局部清查，也可以是全面清查。通常在年末进行全面清查，月末、季末进行局部清查。

（2）不定期清查。不定期清查是指不规定清查时间，而是根据需要进行的临时性清查。不定期清查的范围可以是局部清查，也可以是全面清查。不定期清查通常在下列情况下进行。

①更换保管人员、出纳人员时，要对其保管的物资进行清查，以明确经济责任。

②发生自然灾害或意外损失时，对受损物资进行清查，以查明损失情况。

③上级主管、财政、审计和银行等部门对本单位进行会计检查时，应按要求和范围进行清查，以验证会计资料的可靠性。

④进行临时性、突击性清产核资时，要进行清查，以便摸清“家底”。

3. 按清查的执行系统可分为内部清查和外部清查

（1）内部清查。内部清查是指由本单位内部自行组织清查工作小组所进行的财产清查工作。大多数财产清查都属于内部清查。

（2）外部清查。外部清查是指由上级主管部门、审计机关、司法部门、注册会计师等根据国家规定或有关情况需要对本单位进行的财产清查。一般来讲，进行外部清查时应有本单位相关人员参加。

1.3 财产清查的准备工作

财产清查是一项非常复杂而细致的工作，涉及范围广，工作量大。为了使清查工作能够有序进行，最终达到预期目标，企业应当做好以下准备工作。

1. 组织准备

企业在进行财产清查（尤其是全面清查）时，应成立由总会计师、单位主要负责人牵头的，由财会、设备、采购、保管等有关部门人员参加的财产清查领导小组。该小组的主要任务：制订财产清查计划，明确清查范围、进度及清查方法；调配工作人员；研究并解决清查中出现的问题，提出处理意见，出具财产清查报告。

2. 业务准备

为做好财产清查工作，有关部门要认真做好以下工作。

（1）财会人员应在清查前将会计账簿记录完整，结出余额，保证账证、账账相符，为清查提供可靠的资料。

（2）财产物资管理与保管人员应将保管明细分类账核对清楚，结出余额，并将保管物品整理摆放好，标明品种规格与数量，以便盘点核对。

（3）准备好清查的度量衡器具，进行检查和校正，以保证计量的准确性。

（4）取得银行存款、银行借款的对账单及债权、债务的函证材料，以便核对。

（5）准备好各种表格账册，如盘点表、账存实存对比表等，以备清查使用。

任务 2 财产清查的方法

2.1 货币资金的清查方法

货币资金的清查一般是指对库存现金和银行存款进行的清查。由于货币资金的收支业务发生错收错付、偷盗、舞弊的可能性比较高，因此成为财产清查中的重点。

1. 库存现金的清查

库存现金的清查是指采用实地盘点法确定库存现金的实存数额，然后与库存现金日记账的账面余额进行核对，确定是否账实相符。对库存现金进行盘点时，出纳人员必须在场，有关业务必须在库存现金日记账中全部登记完毕，由会计主管或财务负责人和出纳人员共同清点出各种面值钞票的张数和硬币个数，一方面要注意账实是否相符，另一方面要检查现金管理制度的遵守情况，如库存现金有无超过其限额，有无白条抵库、坐支现金、挪用和舞弊等情况。

清查结束后，应填制“库存现金盘点报告表”，并由盘点人员和出纳人员签章。库存现金盘点报告表既是盘点清单，又是账存金额与实存金额的对比表，其格式如表 6-1 所示。

表 6-1 库存现金盘点报告表

单位名称：　　　　　　　　　　年　月　日　　　　　　　　　　单位：元

实存金额	账存金额	对比结果		备注
		长款	短款	

盘点人员：　　　　　　　　　　　　　　　　　　　　　　出纳人员：

2. 银行存款的清查

银行存款的清查是指采用与开户银行核对账目的方法进行的清查，即将本单位银行存款日记账的账簿记录与开户银行提供的对账单逐笔进行核对，查明银行存款的实有数额。银行存款的清查一般在月末进行。将截止到清查日所有银行存款的收付业务都登记入账后，对错账、漏账及时查清并更正，再与银行的对账单逐笔核对。如果二者余额相符，通常说明没有错误；如果二者余额不相符，则可能是企业或银行一方或双方记账过程有错误或存在未达账项。

所谓未达账项是指企业与银行之间由于结算凭证的传递时间不同，出现了一方已经登记入账，而另一方尚未接到有关结算凭证，因而未能及时登记入账的款项。未达账项一般有以下四种情况。

（1）企业已收款记账，银行未收款记账。例如，企业已将收到的购货单位开出的转账支票送存银行并且入账，但银行尚未办妥转账收款手续而没有入账。

（2）企业已付款记账，银行未付款记账。例如，企业开出的转账支票已经入账，但收款单位尚未到银行办理转账手续或银行尚未办妥转账付款手续而没有入账。

（3）银行已收款记账，企业未收款记账。例如，企业委托银行代收的款项，银行已办妥收款手续并且入账，但企业因尚未收到收款通知而没有入账。

（4）银行已付款记账，企业未付款记账。例如，银行在季末已将企业短期借款利息划出并已入账，但企业月末尚未收到付款通知而没有入账。

上述任何一种未达账项的存在，都会使企业的银行存款日记账的余额与银行开出的对账单的余额不符。因此，在与银行对账时首先应查明是否存在未达账项，如果存在，就应当编制“银行存款余额调节表”，据以调节双方的账面余额，确定企业的银行存款实有数额。

【例6-1】甲企业20××年11月30日银行存款日记账余额为134 500元，银行对账单余额为168 700元，通过对账发现以下未达账项。

（1）委托银行收款4 000元，银行已收款，企业未收款。

（2）银行代扣电话费3 000元，银行已付款，企业未付款。

（3）送存转账支票7 000元，企业已收款，银行未收款。

（4）支付材料款，开出转账支票40 200元，企业已付款，银行未付款。

根据上述情况，编制“银行存款余额调节表”，如表6-2所示。

表6-2 银行存款余额调节表

单位名称： 20××年11月30日 单位：元

项　目	金　额	项　目	金　额
银行存款日记账余额	134 500	银行对账单余额	168 700
加：银行已收企业未收款项	4 000	加：企业已收银行未收款项	7 000
减：银行已付企业未付款项	3 000	减：企业已付银行未付款项	40 200
调节后银行存款余额	135 500	调节后银行存款余额	135 500

需要特别注意的是，银行存款余额调节表中的存款余额，既不是企业账面余额，也不是银行账面余额。银行存款余额调节表不是原始凭证，企业不能据此进行会计账簿记录的调整。双方账面还应该保持原有的余额，等到有关凭证到达后，才可进行账务处理。

2.2 实物资产的清查方法

实物资产的清查是指对实物资产在数量上和质量上进行的清查。实物资产主要包括存货、固定资产等。

1. 存货的清查

存货的清查是指对原材料、库存商品、低值易耗品、包装物，以及在产品、半成品等资产的清查。

（1）存货账面结存数量的确定。由于存货种类繁多，收发频繁，对发出存货和期末结存数量的确定，取决于存货盘存的两种制度。

①永续盘存制。永续盘存制也称为账面盘存制，是对各项存货的增加或减少，都必须根据会计凭证逐笔或逐日在有关会计账簿中进行连续登记，并随时结算出该项存货的结存数的一种方法。在永续盘存制下，账面期末结存数的计算公式如下：

期末结存数=期初结存数+本期收入数-本期发出数

永续盘存制的优点：能随时了解各种存货的收入、发出和结存情况；有利于加强对财产物资的管理；有利于查明原因，明确责任，及时纠正。永续盘存制的缺点：存货的明细分类核算的工作量较大。永续盘存制适用范围广，除少数特殊情况外一般都采用这种制度。

②实地盘存制。实地盘存制也称为定期盘存制，是对各项存货，平时在账簿中只登记增加数，不登记减少数，月末根据实地盘存的结存数来倒推当月存货的减少数，再据以登记有关会计账簿的一种方法。在实地盘存制下，本期发出数的计算公式如下：

本期发出数=期初结存数+本期收入数-期末结存数

实地盘存制的优点：明细分类核算比较简便。实地盘存制的缺点：不能随时反映存货的账面结存数量和金额；不利于对财产物资进行管理和控制；不能分清发出和自然损耗与责任差错、贪污、盗窃等之间的界限；不能适应账务处理中随时结转的需要。实地盘存制适用范围很小，只适用数量大、价值低、收发频繁的存货，如损耗比较大的鲜活商品等。

（2）存货实际结存数量的确定。存货实际结存数量应采用盘点的方法来确定。在盘点过程中，结合不同形态特征的存货采用不同的盘点方法。常用的盘点方法主要包括实地盘点法、抽样盘点法和技术推算盘点法。

①实地盘点法。实地盘点法是指通过实地清点或用计量器具确定各项存货的实际结存数，一般适用于可以逐一点数、丈量或称重的存货的清查。

②抽样盘点法。抽样盘点法是指采用抽样检查的方法，确定有关存货实存数量的方法。这种方法一般适用于单位价值较低、已经包装好的材料和库存商品等存货的清查。

③技术推算盘点法。技术推算盘点法是指通过量方、计尺等技术推算方法，确定有关存货实存数的一种方法。这种方法适用于量大、笨重，不便于逐一点数或称重，而单位价值又比较低的存货的清查。例如，企业存放于露天的煤的清查。

在实际盘点过程中，除了清点存货的实存数量，还应检查存货的质量，了解存货的利用情况，查明存货在收发、保管上存在的问题。对于存货盘点的结果，应如实记录在“盘存单”上，并由盘点人员和实物保管人员签章。“盘存单”是盘点结果的书面证明，也是反映存货实存数量的原始凭证，其格式如表 6-3 所示。

表 6-3 盘存单

单位名称： 存放地点：

财产类别： 年 月 日 编 号：

编 号	名 称	规 格	计量单位	数 量	单 价	金 额	备 注

盘点人员： 保管人员：

为查明账实是否相符，要根据“盘存单”和有关存货明细分类账编制“账存实存对比表”。“账存实存对比表”是用以调整会计账簿记录的重要原始凭证，也是分析差异、明确经济责任的重要依据，其格式如表 6-4 所示。

表 6-4 账存实存对比表

单位名称： 年 月 日 单位：元

编号	类别及名称	计量单位	单价	实存		账存		对比结果				备注
								盘亏		盘盈		
				数量	金额	数量	金额	数量	金额	数量	金额	

盘点人员： 保管人员：

2. 固定资产的清查

固定资产的清查是指从实物管理的角度对单位实际拥有的固定资产进行清查，并与固定资产账面记录进行核对，以查明账实是否相符。

固定资产的清查通常采用实地盘点的方法，对本单位拥有的固定资产进行实物清点，并登记造册，然后将实物按品种、数量、型号等分类与账务进行核对。对固定资产进行清查时，要检查固定资产原值、待报废和提前报废的固定资产的数额及资产损失等情况；同时要关注固定资产的分类是否合理，详细了解固定资产目前的使用状况等；对出租的固定资产要检查相关租赁合同，检查相关单位的账面记录情况，检查是否已按合同规定收取租赁费。

对固定资产进行清查以后，根据不同结果，编制“固定资产清查报告单”，并由盘点人员和实物保管人员签章。

2.3 往来款项的清查方法

往来款项包括各种应收、应付、暂收、暂付款项。往来款项清查主要采用“询证核对法”进行，即采取和对方单位核对账目的方法。企业应首先自查，确认本单位的账簿记录准确无误后，再编制“往来款项对账单（询证函）”，送往对方单位进行核对。该“询证函”一式两联，其中一联作为回单联，对方单位核对相符后，在回单联上加盖公章退回，表示已核对。如发现数额不符，则在回单联上注明不符合的情况，或另抄对账单退回，以便进一步核对。如有未达账项，需要双方进行调节。“往来款项对账单（询证函）”的格式如下。

【例 6-2】

往来款项对账单（询证函）

________单位：

贵单位 20××年 5 月 2 日购买我公司 A 产品 200 套，已支付货款 20 000 元，尚有 8 000 元货款未付，请核对后将回联单寄回。

××单位（盖章）

20××年 6 月 25 日

请沿此虚线裁开，将以下回联单寄回！

………………………………………………………………………………

往来款项对账单（回联）

××单位：

你单位寄来的往来款项对账单已收到，经核对相符无误。

________单位：（盖章）

20××年 6 月 30 日

往来款项清查以后，应根据清查结果编制“往来款项清查表”，填列各项债权、债务的余额。对于有争议的、收回可能性较小的款项，或者无法收回及无法支付的款项，应在报告单上详细说明。往来款项清查表格式如表 6-5 所示。

表 6-5 往来款项清查表

总分类账户		明细分类账户		清查结果		核对不符原因					备注
单位名称	金额	单位名称	金额	相符金额	不符金额	不符单位	未达账项	争议款项	拖付款项	其他	

主管人员： 清查人员： 记账人员：

任务 3 财产清查结果的处理

3.1 财产清查结果处理的要求

对于财产清查中发现的问题，如财产物资的盘盈、盘亏、毁损或其他各种损失，应核实情况，调查分析产生的原因，按照国家有关法律法规的规定，进行相应的处理。财产清查结果处理的具体要求如下所述。

（1）分析产生差异的原因和性质，提出处理建议。

（2）积极处理多余积压的财产，清理往来款项。

（3）总结经验教训，建立和健全各项管理制度。

（4）及时调整账簿记录，保证账实相符。

3.2 财产清查结果处理的步骤与方法

对于财产清查结果的处理可分为以下两种情况。

1. 审批之前的处理

根据“清查结果报告表”“盘点报告表”等已经查实的数据资料，填制记账凭证，记入有关会计账簿，使会计账簿的记录与实际盘存数相符，同时根据权限，将处理建议报股东大会、或董事会、或经理（厂长）会议、或类似机构批准。一般情况下，对于定额内和无法确定责任人的盘亏，可以在一定的范围内从管理费用中核销；由于管理人员失职而造成的盘亏，应由过失人负责赔偿；由于非常损失造成的盘亏，经批准后应作为营业外支出处理；对于贪污、盗窃等违法行为造成的损失，应依法处理。

2. 审批之后的处理

企业清查的各种财产损益，应于期末前查明原因，并根据企业的管理权限，经股东大会、或董事会、或经理（厂长）会议、或类似机构批准后，在期末结账前处理完毕。企业应严格按照有关部门对财产清查结果提出的处理意见进行账务处理，填制有关记账凭证，登记有关会计账簿，并追回由于责任者原因造成的财产损失。

企业清查的各种财产损益，如果在期末结账前尚未经过批准，在对外提供会计报表时，应先按上述规定进行处理，并在附注中做出说明，其后批准处理的金额与已处理金额不一致的，再调整会计报表相关项目的年初数。

3.3 财产清查结果的账务处理

1. 设置“待处理财产损溢”账户

为了反映和监督企业在财产清查过程中查明的各种财产物资的盘盈、盘亏、毁损及其处理情况，应设置“待处理财产损溢”账户（但固定资产盘盈和毁损分别通过“以前年度损益调整”“固定资产清理”账户核算）。该账户属于双重性质的资产类账户，下设“待处理流动资产损溢”和“待处理非流动资产损溢”两个明细分类账户进行明细分类核算。

该账户的借方登记财产物资的盘亏数、毁损数和批准转销的财产物资的盘盈数；贷方登记财产物资的盘盈数和批准转销的财产物资的盘亏数及毁损数。企业清查的各种财产的盘盈、盘亏和毁损应在期末结账前处理完毕，因此“待处理财产损溢”账户在期末结账后没有余额。

2. 库存现金清查结果的账务处理

（1）库存现金盘盈的账务处理。在库存现金盘盈时，应及时办理库存现金的入账手续，调整库存现金的会计账簿记录，即盘盈的金额借记“库存现金”科目，贷记“待处理财产损溢——待处理流动资产损溢”科目。

对于盘盈的库存现金，应及时查明原因，按管理权限报经批准后，盘盈的金额借记“待处理财产损溢——待处理流动资产损溢”科目，需要支付或退还他人的金额贷记“其他应付款”科目，无法查明原因的金额贷记“营业外收入”科目。

【例 6-3】甲企业某日在库存现金清查中，发现长款 200 元。

借：库存现金　　　　　　　　　　　　　　200

　　贷：待处理财产损溢——待处理流动资产损溢　200

经反复核查，未查明原因，报经批准进行营业外收入处理。

借：待处理财产损溢——待处理流动资产损溢　200

　　贷：营业外收入　　　　　　　　　　　　　200

（2）库存现金盘亏的账务处理。在库存现金盘亏时，应及时办理盘亏的确认手续，调整库存现金的会计账簿记录，即盘亏的金额借记“待处理财产损溢——待处理流动资产损溢”科目，贷记“库存现金”科目。

对于盘亏的库存现金，应及时查明原因，按管理权限报经批准后，可收回的保险赔偿和过失人赔偿的金额借记“其他应收款——××人员”科目，因管理不善等原因造成净损失的金额借记“管理费用”科目，因自然灾害等原因造成净损失的金额借记“营业外支出”科目，原记入“待处理财产损溢——待处理流动资产损溢”科目借方的金额贷记本科目。

【例 6-4】甲企业某日在库存现金清查中，发现短款 80 元。

借：待处理财产损溢——待处理流动资产损溢 80

贷：库存现金 80

经核实属于出纳员的责任，应由出纳员赔偿。

借：其他应收款——××出纳员 80

贷：待处理财产损溢——待处理流动资产损溢 80

3. 存货清查结果的账务处理

（1）存货盘盈的账务处理。在存货盘盈时，应及时办理存货入账手续，调整存货会计账簿的实存数量。盘盈的存货应按其重置成本作为入账价值借记“原材料”“库存商品”等科目，贷记“待处理财产损溢——待处理流动资产损溢”科目。

对于盘盈的存货，应及时查明原因，按管理权限报经批准后冲减管理费用，即按其入账价值，借记“待处理财产损溢——待处理流动资产损溢”科目，贷记“管理费用”科目。

【例 6-5】甲企业在财产清查中，盘盈 A 材料 30 千克，按每千克 50 元入账。

借：原材料——A 材料 1 500

贷：待处理财产损溢——待处理流动资产损溢 1 500

经查明是由于收发计量上的错误所致的，经批准冲减管理费用。

借：待处理财产损溢——待处理流动资产损溢 1 500

贷：管理费用 1 500

（2）存货盘亏的账务处理。在存货盘亏时，应按盘亏的金额借记“待处理财产损溢——待处理流动资产损溢”科目，贷记“原材料”“库存商品”等科目。材料、产成品、商品采用计划成本（或售价）核算的，还应同时结转成本差异（或商品进销差价）。涉及增值税的，还应将进项税额转出。

对于盘亏的存货，应及时查明原因，按管理权限报经批准后，可收回的保险赔偿和过失人赔偿的金额借记“其他应收款”科目，因管理不善、定额内正常损耗等原因造成净损失的金额借记“管理费用”科目，因自然灾害等原因造成净损失的金额借记“营业外支出”科目，原记入“待处理财产损溢——待处理流动资产损溢”科目借方的金额贷记本科目。

【例 6-6】甲企业在财产清查中，盘亏 A 产品 10 千克，单位成本 100 元（增值税税率为 13%）。

借：待处理财产损溢——待处理流动资产损溢　　1 130

　　贷：库存商品——A 产品　　1 000

　　　　应交税费——应交增值税（进项税额转出）　　130

经查明属于定额内正常损耗，经批准计入管理费用。

借：管理费用　　1 130

　　贷：待处理财产损溢——待处理流动资产损溢　　1 130

【例 6-7】甲企业发生火灾，导致 B 产品损失 200 吨，每吨成本为 100 元（增值税税率为 13%）。

借：待处理财产损溢——待处理流动资产损溢　　22 600

　　贷：原材料——B 产品　　20 000

　　　　应交税费——应交增值税（进项税额转出）　　2 600

上述盘亏产品，收回残料价值 600 元，保险公司赔偿 20 000 元，其余损失经批准转入营业外支出。

借：库存现金　　600

　　其他应收款——保险公司　　20 000

　　营业外支出——非常损失　　2 000

　　贷：待处理财产损溢——待处理流动资产损溢　　22 600

4. 固定资产清查结果的账务处理

（1）固定资产盘盈的账务处理。企业在财产清查过程中盘盈的固定资产，经查明确属企业所有，按管理权限报经批准后，应根据盘存凭证填制固定资产交接凭证，经有关人员签字后送交企业会计部门，填写固定资产卡片账簿，并作为前期差错处理，通过"以前年度损益调整"科目核算。盘盈的固定资产通常按其重置成本作为入账价值借记"固定资产"科目，贷记"以前年度损益调整"科目。涉及增值税、所得税和盈余公积的，还应按相关规定处理。

【例 6-8】甲企业在财产清查中，发现账外机器设备一台（八成新），该设备同类产品市场价格为 5 000 元。

借：固定资产　　4 000

　　贷：以前年度损益调整　　4 000

经批准后，根据批复意见，结转入账，所得税税率为 25%。

借：以前年度损益调整　　4 000

　贷：应交税费——应交所得税　　1 000

　　盈余公积——法定盈余公积　　300

　　利润分配——未分配利润　　2 700

（2）固定资产盘亏的账务处理。在固定资产盘亏时，应及时办理固定资产注销手续，按盘亏固定资产的账面价值，借记“待处理财产损溢——待处理非流动资产损溢”科目，已提折旧额借记“累计折旧”科目，其原价贷记“固定资产”科目。涉及增值税和递延所得税的，还应按相关规定处理。

对于盘亏的固定资产，应及时查明原因，按管理权限报经批准后，过失人及保险公司的应赔偿额借记“其他应收款”科目，盘亏固定资产的原价扣除累计折旧和过失人及保险公司赔偿后的差额借记“营业外支出”科目，盘亏固定资产的账面价值贷记“待处理财产损溢——待处理非流动资产损溢”科目。

【例 6-9】甲企业在财产清查中，盘亏设备一台，原价 12 000 元，已提折旧额 5 000 元。

借：待处理财产损溢——待处理非流动资产损溢　　7 000

　累计折旧　　5 000

　贷：固定资产　　12 000

经查实，该设备已办理保险 5 000 元，保险公司同意理赔，尚未收回。经批准后，根据批复意见，结转入账。

借：其他应收款——保险公司　　5 000

　营业外支出　　2 000

　贷：待处理财产损溢——待处理非流动资产损溢　　7 000

5. 往来款项清查结果的账务处理

在财产清查过程中发现的长期未结算的往来款项，应及时清查。对于经查明确实无法支付的应付款项可按规定程序报经批准后，转作营业外收入。

【例 6-10】甲企业应付某单位账款 4 000 元，由于对方撤销机构，无法支付，转作营业外收入。

借：应付账款——某单位　　4 000

　贷：营业外收入　　4 000

对于无法收回的应收款项则作为坏账损失冲减坏账准备。坏账是指企业无法收回或收回的可能性极小的应收款项。由于发生坏账而产生的损失，被称为坏账损失。

通常情况下，企业应将符合下列条件之一的应收款项确认为坏账：①债务人死亡，以其遗产清偿后仍然无法收回；②债务人破产，以其破产财产清偿后仍然无法收回；③债务人较长时间内未履行其偿债义务，并有足够的证据表明无法收回或者收回的可能性极小。

企业对有确凿证据表明确实无法收回的应收款项，经批准后转作坏账损失。对于已被确认为坏账的应收款项，并不意味着企业放弃了追索权，一旦重新收回，应及时入账。

【例 6-11】甲企业应收某单位账款 40 000 元，因对方倒闭已确认无法收回，经批准转作坏账损失，坏账准备账户贷方余额 200 元。

借：坏账准备　　　　　　　　　　　　40 000

　　贷：应收账款——某单位　　　　　　　　40 000

借：信用减值损失——计提的坏账准备　39 800

　　贷：坏账准备　　　　　　　　　　　　39 800

【知识拓展】

多栏式日记账务处理程序

多栏式日记账务处理程序是指根据多栏式库存现金日记账、多栏式银行存款日记账和转账凭证登记总分类账的一种账务处理程序。

1. 特点

根据收款凭证和付款凭证逐日登记多栏式库存现金日记账和多栏式银行存款日记账，然后根据它们登记总分类账。

2. 优点与缺点

优点：收款凭证、付款凭证通过多栏式日记账进行汇总，再据以登记总分类账，这样可以减少登记总分类账的工作量。

缺点：如果单位经济业务量多，必然会造成日记账栏目过多、账页庞大、容易串行串栏，不便于登记。

3. 适用范围

该账务处理程序适合于生产经营规模大、经济业务量多，但使用会计科目较少的单位。

日记总账账务处理程序

日记总账账务处理程序是指根据记账凭证逐笔登记日记总账的一种账务处理程序。其主要特点是预先设置日记总账，然后直接根据记账凭证逐笔登记日记总账。

1. 特点

设置日记总账，所有经济业务都必须在日记总账中进行登记。日记总账既要根据业务发生的时间顺序进行登记，又要将所有科目的总分类核算都集中到一张账页上。因此，它既是日记账，又是总账。

2. 优点与缺点

优点：日记总账账务处理程序简便易行。

缺点：所有的科目均集中在一张账页内，导致账页过长，不便于记账和查阅。

3. 适用范围

该账务处理程序只适合于业务量很少且所用会计科目也很少的单位。

基础知识测评

一、单项选择题

1．现金和实物的清查都可采用的方法是（　　）。

A．核对账目法　　B．技术推算法

C．实地盘点法　　D．询证核对法

2．下列说法错误的是（　　）。

A．未达账项不是错账、漏账

B．未达账项只应在“银行存款余额调节表”中进行调节

C．未达账项不能据以进行任何的账务处理

D．对未达账项调节后，银行存款日记账账面余额和银行存款对账单余额一定会一致

3．在进行实物财产清查时，对下列哪项财产不采用询证核对法（　　）。

A．委托外单位加工的物资　　B．委托外单位保管的物资

C．现金　　D．在途物资

4．某企业在财产清查过程中，盘盈材料一批，价值为 10 000 元，报经批准后，会计处理上应贷记（　　）科目。

A．营业外收入　　B．管理费用

C．原材料　　D．营业外支出

5．企业收到并已入账的销货款，但银行尚未入账，由此形成的未达账项，企业会计人员在编制“银行存款余额调节表”时，应将（　　）。

A．银行对账单余额方调增

B．银行对账单余额方调减

C．企业银行存款日记账余额方调增

D．企业银行存款日记账余额方调减

二、多项选择题

1. 一般而言，以下情况需要进行财产全面清查的有（　　）。
   A. 单位主要负责人调离工作　　B. 单位撤销、分立
   C. 单位改变隶属关系　　D. 开展清产核资
2. 下列未达账项中，会使本企业“银行存款日记账账面余额”大于银行对账单的有(　　)。
   A. 企业已收银行未收款　　B. 银行已收企业未收款
   C. 银行已付企业未付款　　D. 企业已付银行未付款
3. 某企业在财产清查中，发现短缺设备一台，账面原值 30 000 元，已计提折旧额 10 000 元，在报经批准前企业应做会计分录的借方为（　　）。
   A. “待处理财产损溢”30 000 元
   B. “营业外支出”20 000 元
   C. “累计折旧”10 000 元
   D. “待处理财产损溢”20 000 元
4. 财产清查中填制的“账存实存对比表”是（　　）。
   A. 调整会计账簿记录的原始凭证
   B. 财产清查的重要报表
   C. 登记日记账的直接依据
   D. 调整账簿记录的记账凭证
5. 国家会计制度和单位内控制度对于财产清查结果处理的规定和要求是（　　）。
   A. 分析产生差异的原因，提出处理建议
   B. 处理多余积压财产，清理往来款项
   C. 总结经验教训，建立健全管理制度
   D. 及时调整账簿记录，保证账实相符

三、判断题

1. 定期财产清查的对象不同，可以是全面清查也可以是局部清查。（　　）
2. 财产清查应本着先认定质量，后清查数量，核对有关账簿记录等的原则进行。（　　）
3. “现金盘点报告表”由盘点人签章后即可生效。（　　）
4. 企业在财产清查中，发现账外设备一台，报经批准后，应冲减“营业外支出”。（　　）
5. 在永续盘存制下，平时在账簿中只登记增加，不登记减少。（　　）

岗位能力测评

（一）甲公司 20××年 11 月 20 日至 11 月月末的银行存款日记账所记录的经济业务和

银行对账单所列的经济业务分别如下。

甲公司银行存款日记账所记录的11月20日至11月月末的经济业务包含以下几项。

（1）20日，收到销货款转账支票6 500元。

（2）21日，开出支票#0130，支付购入材料的货款12 000元。

（3）23日，开出支票#0131，支付购料的运杂费2 500元。

（4）26日，收到销货款转账支票3 200元。

（5）28日，开出支票#0132，支付公司日常办公费用4 800元。

（6）30日，开出支票#0133，支付下半年的房租24 000元。

（7）30日，银行存款日记账的账面余额为168 000元。

甲公司开户行转来对账单所列11月20日至11月月末的经济业务包含以下几项。

（1）20日，结算甲公司的银行存款利息1 523元。

（2）22日，收到销货款转账支票6 500元。

（3）23日，收到甲公司开出的支票#0130，金额为12 000元。

（4）25日，银行为甲公司代付水电费2 900元。

（5）26日，收到甲公司开出的支票#0131，金额为2 500元。

（6）29日，为甲公司代收外地购货方汇来的货款10 600元。

（7）30日，银行对账单的存款余额为202 823元。

要求：根据资料进行银行存款的核对，找出未达账项，并编制“银行存款余额调节表”。

（二）中科公司年末进行财产清查，其结果如下。

（1）盘亏设备一台，账面原值4 000元，已提折旧额2 000元。

（2）发现账外设备两台，重置价值5 000元，六成新。

（3）甲材料短缺10千克，每千克100元；乙材料短缺50千克，每千克10元；丙材料短缺200千克，每千克25元。经查明，甲材料短缺系定额内合理损耗，乙材料短缺系保管人员责任心不强造成，责令其赔偿，丙材料短缺系暴风雨袭击仓库所致。

要求：根据材料，编制发生时和批准处理时的有关会计分录。

项目 7
账务处理程序

岗位要求

知识目标

1. 理解账务处理程序的意义和种类。
2. 了解不同账务处理程序的特点和适用范围。
3. 掌握记账凭证账务处理程序和科目汇总表账务处理程序。

能力目标

能熟练应用记账凭证账务处理程序和科目汇总表账务处理程序。

案例导入

李莉大学毕业后在一家企业做会计工作。由于企业规模不大，业务简单，每月工作内容就是根据各种记账凭证逐笔登记总账，再加上之前的实习经验，李莉做起来得心应手。随着企业规模和经营范围的不断扩大，目前该企业已经发展成为一家大型企业，每月业务量较几年前翻了几番，登记总账的工作量非常大，李莉感到难以应付。为了高效率地完成工作，李莉努力回忆在校时所学的专业知识，试图寻找一种简便、快捷的账务处理程序。

问题：

（1）李莉能找到一种简便、快捷的账务处理程序吗？

（2）在保证工作质量的前提下，李莉怎样才能轻松地完成登记总账的工作？

（3）不同的账务处理程序在提供会计信息方面有何不同？

任务 1 账务处理程序的意义与种类

1.1 账务处理程序的意义

账务处理程序，又称为会计核算组织程序或会计核算形式，是指将会计凭证、会计账簿、会计报表相结合的一种程序，具体包括账簿组织和记账程序。账簿组织是指会计凭证和会计账簿的种类、格式，以及会计凭证与会计账簿之间的联系方法；记账程序是指由填制、审核原始凭证到填制、审核记账凭证，登记日记账、明细分类账和总分类账，编制会计报表的工作程序和方法等。

科学、合理地选择账务处理程序的意义主要体现在以下几个方面。

（1）有利于规范会计工作，保证会计信息加工过程的严密性，提高会计信息质量。

（2）有利于保证会计记录的完整性和正确性，增强会计信息的可靠性。

（3）有利于减少不必要的会计核算环节，提高会计工作的效率，保证会计信息的及时性。

1.2 选择账务处理程序的原则

1. 要适应本单位的实际情况

企业所选择的账务处理程序应与本单位的经营性质、生产经营规模的大小、业务量的多少、会计事项的繁简程度、会计机构的设置、会计人员的配备及分工等情况相适应，以保证会计核算工作顺利进行。

2. 必须满足会计信息使用者的要求

账务处理程序应提供及时、准确、系统、全面的会计核算资料，方便会计信息使用者及时掌握企业的财务状况、经营成果和现金流量，以满足经济决策的需要。

3. 必须满足提高会计核算效率的要求

在保证会计核算资料真实、完整、及时、准确的前提下，力求简化核算手续，减少核算中的人力、物力消耗，节省核算费用。

1.3 账务处理程序的种类

账务处理程序有多种类型，企业可根据具体情况进行适当调整。目前，我国常用的账务处理程序主要有记账凭证账务处理程序、汇总记账凭证账务处理程序、科目汇总表账务处理程序、多栏式日记账账务处理程序和日记总账账务处理程序。

记账凭证账务处理程序是最基本的账务处理程序，它是其他账务处理程序的基础。不同的账务处理程序之间有许多共同点，但也存在差异，其主要区别在于登记总账的依据和方法不同，本教材重点介绍前三种。

任务 2　记账凭证账务处理程序

2.1　记账凭证账务处理程序的一般步骤

记账凭证账务处理程序是指对发生的经济业务，先根据原始凭证或汇总原始凭证填制记账凭证，再直接根据记账凭证登记总分类账的一种账务处理程序。它是最基本的账务处理程序，其他各种账务处理程序是在它的基础上发展形成的。记账凭证账务处理程序的一般步骤如下所述。

（1）根据原始凭证填制汇总原始凭证。

（2）根据原始凭证或汇总原始凭证，填制收款凭证、付款凭证和转账凭证，也可以填制通用记账凭证。

（3）根据收款凭证和付款凭证逐笔登记库存现金日记账和银行存款日记账。

（4）根据原始凭证、汇总原始凭证和记账凭证，登记各种明细分类账。

（5）根据记账凭证逐笔登记总分类账。

（6）期末，将库存现金日记账、银行存款日记账和明细分类账的余额与有关总分类账的余额核对，使之相符。

（7）期末，根据总分类账和明细分类账的记录，编制财务会计报告。

记账凭证账务处理程序示意图如图 7-1 所示。

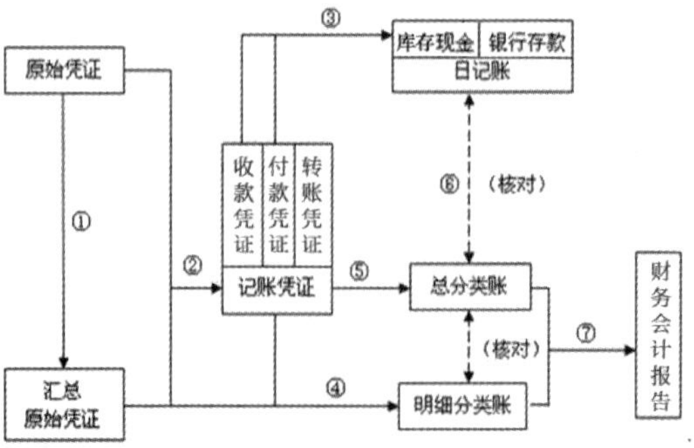

图 7-1　记账凭证账务处理程序示意图

2.2　记账凭证账务处理程序的特点

记账凭证账务处理程序的特点是直接根据记账凭证对总分类账进行逐笔登记。

1. 记账凭证账务处理程序的优点与缺点

记账凭证账务处理程序的优点是简单明了、易于理解，总分类账可以较详细地反映交易或事项的发生情况，便于查账、对账；其缺点是在经济业务量较多时，登记总分类账的工作量较大。

2. 记账凭证账务处理程序的适用范围

记账凭证账务处理程序一般适用于规模较小、经济业务量较少的单位。

2.3　记账凭证账务处理程序的应用举例

1. 资料

【例 7-1】甲公司 20××年 8 月初各类总分类账余额如表 7-1 所示。

表 7-1　甲公司 20××年 8 月初各类总分类账余额表

单位：元

账户名称	金　额	账户名称	金　额
库存现金	1 738	累计折旧	100 000
银行存款	209 582	短期借款	100 000
应收账款	24 000	应付账款	60 000
其他应收款	5 600	应付职工薪酬	45 000
原材料	65 000	实收资本	500 000
库存商品	53 400	资本公积	50 000
固定资产	500 000	盈余公积	54 320
无形资产	50 000		
合计	909 320	合计	909 320

“原材料”有关明细分类账余额如下：

甲材料　1 000 千克　每千克 35 元　金额 35 000 元

乙材料　2 000 千克　每千克 15 元　金额 30 000 元

该公司 8 月发生下列经济业务。

（1）1 日，管理人员李辉出差预借差旅费 3 000 元，用银行存款支付。

（2）2 日，购入甲材料 1 000 千克，每千克 35 元，增值税税率为 13%，已收到增值税专用发票，货款尚未支付，料已入库。

（3）3 日，领用甲材料 600 千克，每千克 35 元，生产 A 产品。

（4）5 日，收回乙公司前欠货款 24 000 元。

（5）9 日，委托银行支付 A 产品广告费 3 500 元。

（6）11 日，提取现金 35 000 元，准备发放职工工资。

（7）11 日，以现金 35 000 元支付本月职工工资。

（8）15 日，分配本月应付职工工资 35 000 元，其中生产工人工资 20 000 元，车间管理人员工资 10 000 元，厂部管理人员工资 5 000 元。

（9）21 日，收到租出包装物押金 600 元。

（10）24 日，李辉出差归来，报销差旅费 2 430 元，返还原借款现金 570 元。

（11）25 日，提取本月固定资产折旧 1 620 元，其中生产车间 1 000 元，行政管理部门 620 元。

（12）29 日，向丙公司销售 A 产品 600 件，每件售价 100 元，增值税税率为 13%，货款已存入银行，同时结转已销售产品成本 35 000 元。

（13）30 日，结转本月产品负担的制造费用。

（14）31 日，本月 A 产品全部完工，结转完工产品成本。

（15）31 日，结转各支出类账户。

（16）31 日，结转各收入类账户。

2. 账务处理步骤

（1）根据以上经济业务的原始凭证或原始凭证汇总表填制记账凭证，如表 7-2 所示。

表 7-2　记账凭证

单位：元

20××年		凭证号数	摘　要	总分类科目	明细分类科目	借方金额	贷方金额
月	日						
8	1	银付 1	李辉预借差旅费	其他应收款	李辉	3 000	
				银行存款			3 000
8	2	转 1	购材料，已入库	原材料	甲材料	35 000	
				应交税费	应交增值税	4 550	
				应付账款	甲材料		39 550
8	3	转 2	生产产品领材料	生产成本	A 产品	21 000	
				原材料	甲材料		21 000
8	5	银收 1	收回前欠款	银行存款		24 000	
				应收账款	乙公司		24 000

续表

20××年		凭证号数	摘　要	总分类科目	明细分类科目	借方金额	贷方金额
月	日						
8	9	银付 2	支付广告费	销售费用		3 500	
				银行存款			3 500
8	11	银付 3	提现备发工资	库存现金		35 000	
				银行存款			35 000
8	11	现付 1	发放职工工资	应付职工薪酬	工资	35 000	
				库存现金			35 000
8	15	转 3	分配本月工资	生产成本	A 产品	20 000	
				制造费用	工资	10 000	
				管理费用	工资	5 000	
				应付职工薪酬	工资		35 000
8	21	现收 1	收到包装物押金	库存现金		600	
				其他应付款			600
8	24	转 4	李辉报销差旅费	管理费用	差旅费	2 430	
				其他应收款	李辉		2 430
		现收 2	李辉报销差旅费退现	库存现金		570	
				其他应收款	李辉		570
8	25	转 5	提取本月折旧费	制造费用	折旧	1 000	
				管理费用	折旧	620	
				累计折旧			1 620
8	29	银收 2	销售产品，款已收	银行存款		67 800	
				主营业务收入	A 产品		60 000
				应交税费	应交增值税		7 800
		转 6	结转已售产品成本	主营业务成本	A 产品	35 000	
				库存商品	A 产品		35 000
8	30	转 7	结转制造费用	生产成本	A 产品	11 000	
				制造费用			11 000
8	31	转 8	结转本月完工产品成本	库存商品	A 产品	52 000	
				生产成本	A 产品		52 000
8	31	转 9	结转各支出类账户	本年利润		46 550	
				主营业务成本	A 产品		35 000
				管理费用			8 050
				销售费用			3 500
8	31	转 10	结转各收入类账户	主营业务收入	A 产品	60 000	
				本年利润			60 000

（2）根据收款凭证、付款凭证登记日记账。（以库存现金为例，如表 7-3 所示。）

表 7-3 库存现金日记账

单位：元

20××年 月	日	凭证号数	摘 要	对方账户	收入	支出	结余
8		期初余额					1 738
	11	银付 3	提现备发工资	银行存款	35 000		
		现付 1	发放职工工资	应付职工薪酬		35 000	1 738
	21	现收 1	收到包装物押金	其他应付款	600		2 338
	24	现收 2	李辉报销差旅费退现	其他应收款	570		2 908
			本月合计		36 170	35 000	2 908

（3）根据原始凭证或原始凭证汇总表和记账凭证登记明细分类账。（以原材料明细分类账为例，如表 7-4 所示。）

表 7-4 原材料明细分类账

类别： 甲材料

20××年		凭证号数	摘 要	收 入			发 出			结 存		
月	日			数量（千克）	单价（元/千克）	金额（元）	数量（千克）	单价（元/千克）	金额（元）	数量（千克）	单价（元/千克）	金额（元）
8			期初余额							1 000	35	35 000
	2	转 1	购材料，已入库	1 000	35	35 000				2 000	35	70 000
	3	转 2	生产产品领材料				600	35	21 000	1 400	35	49 000
			本月合计	1 000		35 000	600		21 000	1 400		49 000

（4）根据记账凭证逐笔登记总分类账。（以银行存款、生产成本为例，如表 7-5 和表 7-6 所示。）

表 7-5 银行存款（总分类账）

单位：元

20××年 月	日	凭证号数	摘 要	借 方	贷 方	借或贷	余 额
8		期初余额				借	209 582
	1	银付 1	李辉预借差旅费		3 000	借	206 582
	5	银收 1	收回前欠款	24 000		借	230 582
	9	银付 2	支付广告费		3 500	借	227 082
	11	银付 3	提现备发工资		35 000	借	192 082
	29	银收 2	销货产品，款已收	67 800		借	259 882
			本月合计	91 800	41 500	借	259 882

表 7-6　生产成本（总分类账）

单位：元

20××年		凭证号数	摘　要	借　方	贷　方	借或贷	余　额
月	日						
8	3	转 2	生产产品领材料	21 000		借	21 000
	15	转 3	分配本月生产工人工资	20 000		借	41 000
	30	转 7	结转制造费用	11 000		借	52 000
	31	转 8	结转本月完工产品成本		52 000	平	0
			本月合计	52 000	52 000	平	0

（5）将日记账和所属明细分类账与总分类账进行核对。（略）

（6）编制试算平衡表，如表 7-7 所示。

表 7-7　试算平衡表

20×× 年 8 月

单位：元

账户名称	期初余额		本期发生额		期末余额	
	借　方	贷　方	借　方	贷　方	借　方	贷　方
库存现金	1 738		36 170	35 000	2 908	
银行存款	209 582		91 800	41 500	259 882	
应收账款	24 000			24 000	0	
其他应收款	5 600		3 000	3 000	5 600	
原材料	65 000		35 000	21 000	79 000	
库存商品	53 400		52 000	35 000	70 400	
生产成本			52 000	52 000		
固定资产	500 000				500 000	
无形资产	50 000				50 000	
累计折旧		100 000		1 620		101 620
短期借款		100 000				100 000
应付账款		60 000		39 550		99 550
应付职工薪酬		45 000	35 000	35 000		45 000
应交税费			4 550	7 800		3 250
其他应付款				600		600
实收资本		500 000				500 000
资本公积		50 000				50 000
盈余公积		54 320				54 320
制造费用			11 000	11 000		
主营业务成本			35 000	35 000		
管理费用			8 050	8 050		
销售费用			3 500	3 500		
主营业务收入			60 000	60 000		

续表

账户名称	期初余额		本期发生额		期末余额	
	借　方	贷　方	借　方	贷　方	借　方	贷　方
本年利润			46 550	60 000		13 450
合计	909 320	909 320	473 620	473 620	967 790	967 790

（7）根据审核无误的总分类账和明细分类账记录编制会计报告。（略）

任务 3　汇总记账凭证账务处理程序

3.1　汇总记账凭证账务处理程序的一般步骤

汇总记账凭证账务处理程序是指先根据原始凭证或汇总原始凭证填制记账凭证，定期根据记账凭证分类编制汇总收款凭证、汇总付款凭证和汇总转账凭证，再根据汇总记账凭证登记总分类账的一种账务处理程序。汇总记账凭证账务处理程序的一般步骤如下所述。

（1）根据原始凭证填制汇总原始凭证。

（2）根据原始凭证或汇总原始凭证，填制收款凭证、付款凭证和转账凭证，也可以填制通用记账凭证。

（3）根据收款凭证和付款凭证逐笔登记库存现金日记账和银行存款日记账。

（4）根据原始凭证、汇总原始凭证和记账凭证，登记各种明细分类账。

（5）根据各种记账凭证编制有关汇总记账凭证。

（6）根据各种汇总记账凭证登记总分类账。

（7）期末，将库存现金日记账、银行存款日记账和明细分类账的余额与有关总分类账的余额核对，使之相符。

（8）期末，根据总分类账和明细分类账的记录，编制财务会计报告。

汇总记账凭证账务处理程序示意图如图 7-2 所示。

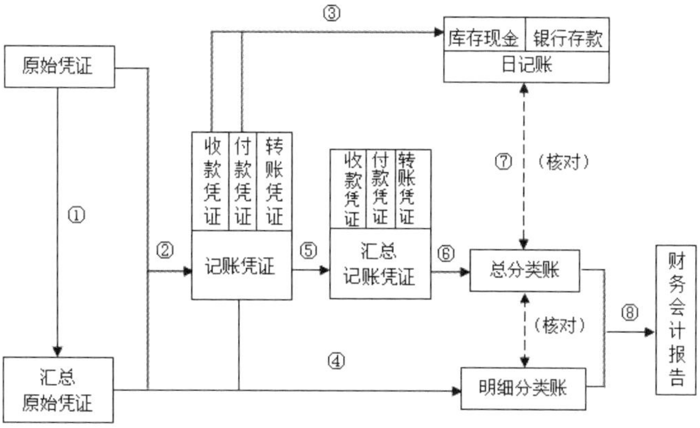

图 7-2　汇总记账凭证账务处理程序示意图

3.2　汇总记账凭证账务处理程序的特点

汇总记账凭证账务处理程序的特点是先根据记账凭证编制汇总记账凭证，再根据汇总记账凭证登记总分类账。

1. 汇总记账凭证账务处理程序的优点

（1）汇总记账凭证账务处理程序能清晰地反映会计科目之间的对应关系。在记账凭证账务处理程序中，采用的是专用记账凭证和通用记账凭证。而汇总记账凭证账务处理程序采用的是按会计科目对应关系进行分类汇总的方法，这种方法能清晰地反映有关会计科目之间的对应关系。

（2）汇总记账凭证账务处理程序可以减轻登记总分类账的工作量。在汇总记账凭证账务处理程序中，可以依据汇总记账凭证上有关账户的汇总发生额，在月份中定期或月末一次性登记总分类账，因此大大减轻了登记总分类账的工作量。

2. 汇总记账凭证账务处理程序的缺点

（1）定期编制汇总记账凭证的工作量比较大。对发生的经济业务首先要填制专用记账凭证，还要定期分类对专用记账凭证进行汇总，编制作为登记总分类账依据的汇总记账凭证。

（2）对汇总过程中可能存在的错误不容易发现。编制汇总记账凭证是一项比较复杂的工作，容易产生错误，而且汇总记账凭证本身又不能体现有关数字之间的平衡关系，即使存在汇总错误也不容易发现。

3. 汇总记账凭证账务处理程序的适用范围

汇总记账凭证账务处理程序一般适用于规模较大、经济业务量较多、专用记账凭证比较多的单位。

3.3 汇总记账凭证账务处理程序应用举例

1. 资料

同【例 7-1】的资料。

2. 账务处理步骤

这里仅就汇总记账凭证的编制方法，以及如何根据汇总记账凭证登记总账进行简述。（以银行存款为例，如表 7-8～表 7-10 所示。）

表 7-8 汇总收款凭证

单位：元

借方科目：银行存款 20××年 8 月 汇收第 1 号

贷方科目	金额				总账页数	
	1—10 日	11—20 日	21—31 日	合计	借方	贷方
应收账款	24 000			24 000	（略）	（略）
主营业务收入			60 000	60 000		
应交税费			7 800	7 800		
合计	24 000		67 800	91 800		

表 7-9 汇总付款凭证

单位：元

贷方科目：银行存款 20××年 8 月 汇付第 1 号

借方科目	金额				总账页数	
	1—10 日	11—20 日	21—31 日	合计	借方	贷方
其他应收款	3 000			3 000	（略）	（略）
销售费用	3 500			3 500		
库存现金		35 000		35 000		
合计	6 500	35 000		41 500		

表 7-10 银行存款（总分类账）

单位：元

20××年		凭证号数	摘要	对方科目	借方	贷方	借或贷	余额
月	日							
8	31	期初余额					借	209 582
		汇收 1 号		应收账款	24 000			
				主营业务收入	60 000			
				应交税费	7 800			
		汇付 1 号		其他应收款		3 000		
				销售费用		3 500		
				库存现金		35 000		
			本月合计		91 800	41 500	借	259 882

任务 4　科目汇总表账务处理程序

4.1　科目汇总表账务处理程序的一般步骤

科目汇总表账务处理程序又称为记账凭证汇总表账务处理程序，它是根据记账凭证定期编制科目汇总表，再根据科目汇总表登记总分类账的一种账务处理程序。科目汇总表账务处理程序的一般步骤如下所述。

（1）根据原始凭证填制汇总原始凭证。

（2）根据原始凭证或汇总原始凭证填制记账凭证。

（3）根据收款凭证和付款凭证逐笔登记库存现金日记账和银行存款日记账。

（4）根据原始凭证、汇总原始凭证和记账凭证，登记各种明细分类账。

（5）根据各种记账凭证编制科目汇总表。

（6）根据科目汇总表登记总分类账。

（7）期末，将库存现金日记账、银行存款日记账和明细分类账的余额同有关总分类账的余额核对，使之相符。

（8）期末，根据总分类账和明细分类账的记录，编制财务会计报告。

科目汇总表账务处理程序示意图如图 7-3 所示。

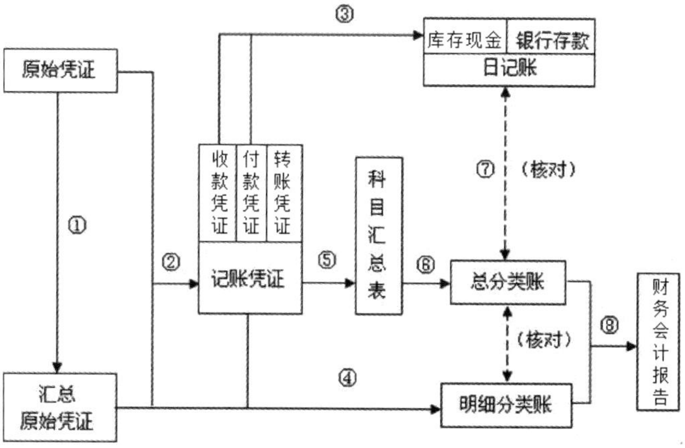

图 7-3　科目汇总表账务处理程序示意图

4.2　科目汇总表账务处理程序的特点

科目汇总表账务处理程序的特点是先将所有记账凭证汇总编制成科目汇总表，然后以科目汇总表为依据登记总分类账。

1. 科目汇总表账务处理程序的优点

（1）科目汇总表账务处理程序可以大大减轻登记总分类账的工作量。在科目汇总表账务处理程序中，可根据会计科目汇总表中有关账户的汇总发生额，在月中定期或月末一次性地登记总分类账，可以使登记总分类账的工作量大为减轻。

（2）科目汇总表可以起到试算平衡的作用，保证总分类账登记的正确性。

在科目汇总表中的汇总结果体现了一定会计期间所有账户的借方发生额和贷方发生额之间的相等关系，利用这种发生额的相等关系，可以进行全部账户记录的试算平衡。

2. 科目汇总表账务处理程序的缺点

不分对应会计科目进行汇总，不能反映各会计科目的对应关系，不便于对经济业务进行分析和检查。如果记账凭证较多，根据记账凭证编制科目汇总表本身也是一项很复杂的工作；如果记账凭证较少，运用科目汇总表登记总分类账又起不到简化登记总分类账的作用。

3. 科目汇总表账务处理程序的适用范围

科目汇总表账务处理程序一般适用于规模较大、经济业务量较多的单位。

4.3 科目汇总表账务处理程序的应用举例

1. 资料

同【例 7-1】的资料。

2. 账务处理步骤

这里仅就如何根据科目汇总表登记总分类账进行简述。（以银行存款、原材料为例，如表 7-11～表 7-13 所示。）

表 7-11 科目汇总表

20×× 年 8 月 1 日～20×× 年 8 月 31 日　　　单位：元

会计科目	账目页数	本期发生额		记账凭证起讫号数
		借方	贷方	
库存现金		36 170	35 000	银行收款凭证 1-2
银行存款		91 800	41 500	银行付款凭证 1-3
应收账款			24 000	现金收款凭证 1-2
其他应收款		3 000	3 000	现金付款凭证 1
原材料		35 000	21 000	转账凭证 1-10

续表

会计科目	账目页数	本期发生额		记账凭证起讫号数
		借方	贷方	
库存商品		52 000	35 000	
生产成本		52 000	52 000	
累计折旧			1 620	
应付账款			39 550	
应付职工薪酬		35 000	35 000	
应交税费		4 550	7 800	
其他应付款			600	
制造费用		11 000	11 000	
主营业务成本		35 000	35 000	
管理费用		8 050	8 050	
销售费用		3 500	3 500	
主营业务收入		60 000	60 000	
本年利润		46 550	60 000	
合计		473 620	473 620	

表 7-12　银行存款（总分类账）

单位：元

20××年		凭证号数	摘　要	对方科目	借方	贷方	借或贷	余额
月	日							
		期初余额					借	209 582
8	31	科汇	1—31 日汇总		91 800	41 500	借	259 882
			本月合计		91 800	41 500	借	259 882

表 7-13　原材料（总分类账）

单位：元

20××年		凭证号数	摘　要	对方科目	借方	贷方	借或贷	余额
月	日							
		期初余额					借	35 000
8	31	科汇	1—31 日汇总		35 000	21 000	借	49 000
			本月合计		35 000	21 000	借	49 000

【知识拓展】

对未达账项审计的意义

由于未达账项的存在，因此要求会计人员编制“银行存款余额调节表”进行调节。

“银行存款余额调节表”编制的基本原理：通过加减未入账一方的未达账项，人为地调节至入账状态，并检查其是否平衡。

由于未达账项属于单方入账的性质，这就给被审计单位留下了舞弊的空间。例如，在对某单位收入账进行审计时，通过对合同收入的统计，发现有一笔 2018 年的银行已收、企业未收的收入款项，至审计日止尚未入收、入账。这种情况很容易被单位财会人员所利用。如果被审计单位银行对账单上已反映收款，但被审计单位银行存款日记账上并不反映该笔收款记录。在编制“银行存款余额调节表”时，只需要在被审计单位方加上此笔款项，即可调节平衡。但是，这笔事实上银行已收的款项，很有可能在截止日后被长期不入账，造成被长期挪用或侵占。

企业常常会有大额的“银收企未收”款项。此时，要注意查明款项的来源和性质，必要时与合同进行核对，以确认是否属于应转未转的收入。如果发现长期没有入账的未达账项或截止日后长期没有入账的未达账项，则要保持足够的职业敏感性，应根据款项的来源和性质，做进一步的调查，确认是否属于挪用资金或相关违规行为。

对未达账项的真实性和完整性进行审计，须区别款项的来源和交易的性质，并采取相应的审计策略。

基础知识测评

一、单项选择题

1. 账务处理程序也称为会计核算组织程序，与之相结合的方式，不包括（　　）。

A．会计凭证　　B．会计账簿

C．会计报表　　D．会计科目

2. 各种不同账务处理程序之间的主要区别在于（　　）不同。

A．登记总账的依据和方法　　B．反映经济业务的内容

C．登记会计账簿的步骤　　D．所采用的会计核算方法

3. 下列不属于记账凭证账务处理程序步骤的是（　　）。

A．根据原始凭证或汇总原始凭证填制记账凭证

B．根据原始凭证或汇总原始凭证、记账凭证登记明细分类账

C．根据明细分类账和总分类账编制财务会计报告

D．根据记账凭证编制有关汇总记账凭证和总分类账

4. 科目汇总表账务处理程序与汇总记账凭证账务处理程序的共同优点是（　　）。

A．保持会计科目间的对应关系　B．简化总分类账的登记工作

C．进行发生额试算平衡　　D．总括反映同类业务

5. 汇总记账凭证与科目汇总表的主要区别是（　　）。

A．科目汇总表反映账户对应关系，而汇总记账凭证不反映账户对应关系

B．科目汇总表不反映账户对应关系，而汇总记账凭证反映账户对应关系

C．科目汇总表在分类汇总情况下反映账户对应关系，而汇总记账凭证不反映

D．以上说法都不正确

二、多项选择题

1．下列登账方法中正确的是（　　）。

A．依据记账凭证和原始凭证逐日、逐笔登记明细分类账

B．依据记账凭证和汇总原始凭证逐日、逐笔或定期汇总登记明细分类账

C．依据记账凭证逐笔登记总分类账

D．依据汇总原始凭证定期汇总登记现金日记账

2．下列关于账务处理程序的说法中正确的是（　　）。

A．记账凭证账务处理程序的缺点是登记总分类账的工作量比较大

B．采用科目汇总表账务处理程序，由于其在科目汇总表中不反映科目的对应关系，因而不便于分析经济业务的来龙去脉，不便于查账

C．采用汇总记账凭证账务处理程序可以大大减轻登记总分类账的工作量

D．汇总记账凭证账务处理程序适用于规模较大、经济业务量较多的企业

3．在记账凭证账务处理程序中，需要设置（　　）。

A．收款、付款、转账凭证或通用记账凭证

B．科目汇总表或汇总记账凭证

C．库存现金和银行存款日记账

D．总分类账和明细分类账

4．以下不属于汇总记账凭证账务处理程序主要缺点的是（　　）。

A．登记总分类账的工作量较大

B．转账凭证较多时，编制汇总转账凭证的工作量较大

C．不便于体现账户间的对应关系

D．不便于进行账目的核对

5．在我国，常用的账务处理程序主要有（　　）。

A．科目汇总表账务处理程序

B．汇总记账凭证账务处理程序

C．记账凭证账务处理程序

D．日记总账账务处理程序

三、判断题

1．各个企业的业务性质、组织规模、管理上的要求不同，因此企业应根据自身的特点，确定使用恰当的会计账务处理程序。（　　）

2．汇总记账凭证账务处理程序和科目汇总表账务处理程序的根本区别在于汇总记账凭证和科目汇总表的编制方法不同。（　　）

3．科目汇总表不仅可以起到试算平衡的作用，还可以反映账户间的对应关系。( )

4．在不同的账务处理程序下，财务会计报告的编制依据不同。( )

5．记账凭证账务处理程序的特点是直接根据记账凭证逐笔登记总分类账，是最基本的账务处理程序。( )

岗位能力测评

（一）练习记账凭证账务处理程序。

光明工厂20××年12月发生的部分经济业务如下所述。

（1）1日，以银行存款预付高科公司购料款72 000元。

（2）3日，提现1 000元备用。

（3）8日，领用甲材料2 500元生产A产品。

（4）15日，销售A产品收入30 000元，增值税为3 900元，款项收到并存入银行。

（5）20日，以现金支付销售运费800元。

（6）31日，结转销售成本18 000元。

（7）31日，预提短期借款利息1 700元。

（8）31日，结转损益至“本年利润”账户。

要求：

（1）根据上述资料编制会计凭证。

（2）根据上述资料开设相应三栏式总分类账，并将凭证逐笔记入总分类账。

（二）练习科目汇总表账务处理程序。

同上述光明工厂的资料。

要求：

（1）根据上述资料中的业务，按记账凭证编制会计科目汇总表。

（2）根据上述资料中的业务，开设相应三栏式总分类账。

（3）根据科目汇总表登记三栏式总分类账。

项目 8 编制财务会计报告

岗位要求

知识目标

1. 掌握会计报表的概念和分类，以及资产负债表和利润表的编制方法。
2. 理解会计报表的结构和编制的基本要求。
3. 了解现金流量表和所有者权益变动表。

能力目标

掌握编制资产负债表和利润表的技能。

案例导入

甲公司是一家于 2019 年 1 月成立的公司，注册资金为 350 000 元，公司成立后用 60 000 元购进设备，预计使用 10 年，报废后无残值。购进商品 200 000 元以供销售，同时还预付了一年的厂房租金 24 000 元。

开业初期，甲公司主要销售的 A 产品的毛利率为 20%，并且在一定的范围内允许赊销，经过三个月的运营，甲公司已经销售了 400 000 元的产品，获得销售毛利 80 000 元。目前，存货占用资金 100 000 元，应收账款 130 000 元。同时还发生了其他费用 89 000 元。

问题：

（1）从上面的数据中我们能不能直接看出甲公司目前所拥有的资产和这三个月的经营状况？

（2）如果需要编制资产负债表和利润表，我们至少还需要哪些信息？

任务1　财务会计报告的内容

1.1　财务会计报告的概念与体系

财务会计报告是反映企业财务状况和经营成果的书面文件，是企业经营管理水平的综合反映。财务会计报告是一个完整的报告体系，它由会计报表和文字报告构成。根据《企业财务会计报告条例》规定，企业财务会计报告包括会计报表和文字报告，其体系结构如图8-1所示。

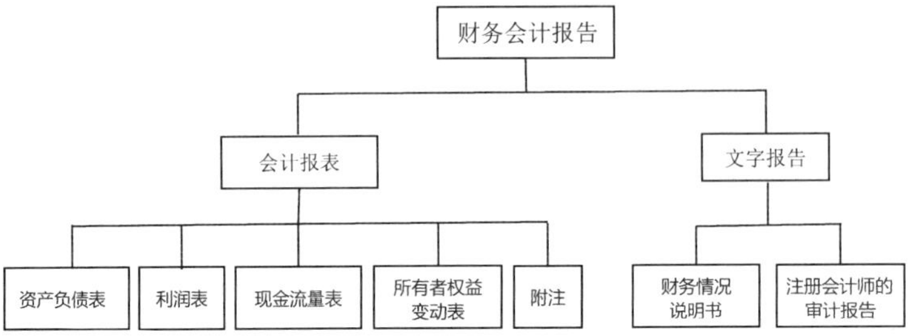

图8-1　财务会计报告体系结构图

1.1.1　会计报表

会计报表是财务会计报告的重要组成部分，也是本教材重点介绍的问题，具体内容后面会详细介绍。

1.1.2　文字报告

文字报告是阅读和分析财务会计报告的基础，许多不能用数字表达清楚的内容和数字背后隐含的内容，需要通过文字部分来加以说明。文字报告由财务情况说明书和注册会计师的审计报告组成。

（1）财务情况说明书是指企业对自身的财务状况和经营成果做出的自我评价。通过阅读会计报表和附注能够对企业的基本情况有比较全面和具体的了解，但是也还有一些信息不能充分表达和说明，这时就需要通过财务情况说明书来更全面地说明有关的财务状况。可以说，财务情况说明书是阅读、分析会计报表后所做的总结。

（2）注册会计师的审计报告是指由注册会计师出具的，通过阅读注册会计师的审计报告，有助于了解会计报表的真实性和可靠性，了解企业的会计事项是否存在问题等。

1.2　会计报表的相关内容

1.2.1　会计报表的概念与构成

会计报表是指对企业的财务状况、经营成果和现金流量的结构性表述。由于企业的日常核算资料具有零星、分散、数据量大等特点，所以必须将日常核算的资料按统一规定的格式和口径进行汇总和综合。这样才能便于各级管理人员和其他信息使用者一目了然地掌握企业在一定时期的经济活动情况及其效益，并综合利用会计报表、文字说明等为其提供更多的信息。

一套完整的会计报表至少应当包括资产负债表、利润表、现金流量表、所有者权益（或股东权益，下同）变动表和附注。

（1）资产负债表是反映企业在某一特定时期财务状况的会计报表。

（2）利润表是反映企业在一定会计期间经营成果的会计报表。

（3）现金流量表是反映企业在一定会计期间现金和现金等价物流入和流出的会计报表。

（4）所有者权益变动表是反映构成所有者权益的各组成部分当期增减变动情况的会计报表。

（5）附注是对资产负债表、利润表、现金流量表和所有者权益变动表等报表中列示的项目进行文字描述或明细资料的说明，以及对未能在这些报表中列示的项目进行说明等。

1.2.2　会计报表的分类

1．按编制期间可分为中期会计报表和年度会计报表

（1）中期会计报表。中期会计报表是指以短于一个完整会计年度的报告期间为基础编制的会计报表，包括月报、季报、半年报等。中期会计报表至少应当包括资产负债表、利润表、现金流量表和附注，其中中期资产负债表、利润表、现金流量表应当是完整报表，格式和内容与年度会计报表相同。

（2）年度会计报表。年度会计报表是指以一个完整的会计年度（公历 1 月 1 日至 12 月 31 日）为周期编制的会计报表。

2．按编制主体可分为个别会计报表和合并会计报表

（1）个别会计报表。个别会计报表是指由公司或子公司编制的，仅反映公司或子公司自身财务状况、经营成果和现金流量的报表。

（2）合并会计报表。合并会计报表是以母公司和子公司组成的企业集团为会计主体，

根据母公司与子公司的会计报表，由母公司编制的综合反映企业集团财务状况、经营成果和现金流量的会计报表。

1.2.3 会计报表的作用

会计报表能够全面反映企业的经营状况和财务活动，为其使用者提供决策依据。

1. 会计报表能够帮助投资者明确投资方向及投资目标

投资者可以利用会计报表提供的关于企业的经营水平、盈亏情况等信息，对企业进行当前经营现状及未来发展趋势的评价和预测，从而确定投资方向、投资目标和投资额度。

2. 会计报表可以为债权人制定信贷政策提供依据

会计报表与债权人利益密切相关，通过会计报表反映出来的财务状况、经营成果、现金流量等信息，债权人可以分析企业的偿债能力，为自己制定相应的信贷决策提供依据。

3. 会计报表有助于政府有关部门制定经济政策并进行宏观调控

国家可以对企业会计报表披露的内容进行分析和汇总，从而发现问题（如金融危机、通货膨胀等），及时制定经济政策（如税收政策、利率政策等），从而实现宏观调控。

4. 会计报表可以促进企业管理者提升管理水平，改善经营管理状况

企业经营管理者的经营能力、管理水平在很大程度上影响了企业的生存和发展。通过研究分析会计报表，可以促使企业经营管理者发现不足，不断提升自身经营管理水平，改善经营管理现状，协调各部门及与企业外部的关系，为企业发展助力。

1.2.4 会计报表编制的基本要求

会计报表的编制是一项非常重要的会计工作，在编制时应遵循以下基本要求。

1. 以持续经营为基础

企业应当以持续经营为基础，根据实际发生的交易和事项，按照各项会计准则的规定进行确认和计量，并在此基础上编制会计报表，不应以在附注中披露代替对交易和事项的确认和计量。若会计企业发生在经营期间进行清算或停业等以持续经营为基础编制会计报表不再合理的情况，应当采用其他基础编制会计报表，并在附注中披露这个事实。

2. 按照正确的会计基础编制

在企业的会计报表中，除现金流量表按照收付实现制原则进行编制外，其他报表应按权责发生制原则编制。

3. 信息列报应保持一致性

会计报表项目的列报应当在各会计期间保持一致，除会计准则要求改变会计报表项目的列报或是企业经营业务的性质发生重大变化后，通过变更会计报表项目的列报能够提供更可靠、更相关的会计信息等情况外，不得随意变更。

4. 重要性原则

企业在编制会计报表时，应当注意重要性原则。重要性是指在合理预期下，如果会计报表的某项被省略或者发生错误，会影响使用者做出决策，那么该项目具有重要性。重要性应当根据企业所处的环境，从项目的性质和金额大小两方面予以判断。性质或功能不同的项目，应当在会计报表中单独列报，但不具有重要性的项目除外；性质或功能类似的项目，其所属类别具有重要性的，应当按其类别在会计报表中单独列报。

5. 各项目之间的金额不得随意抵销

会计报表中的资产项目和负债项目的金额同收入项目和费用项目的金额不得相互抵销，但其他会计准则另有规定的除外。资产项目按扣除减值准备后的净额列示同非日常活动产生的损益以收入扣减费用后的净额列示，不属于抵销。

6. 信息列报的可比性原则

在编制当期会计报表的列报时，至少应当提供所有列报项目上一个可比会计期间的比较数据，以及与理解当期会计报表相关的说明，以便为报表使用者提供对比数据，从而更好地进行判断和决策。但其他会计准则另有规定的除外。

7. 会计报表表首列报要求

在编制会计报表时，应当在其显著位置至少披露：编制企业的名称、资产负债表日或会计报表涵盖的会计期间、货币名称和单位，会计报表是合并会计报表的应当予以标明。

8. 报告期间

企业至少应当按年编制会计报表。年度会计报表涵盖的期间短于一年的，应当披露年度会计报表的涵盖期间，以及短于一年的原因。

任务 2　编制资产负债表

2.1　资产负债表的概念和作用

资产负债表又称为财务状况表，是反映企业在某个特定日期（如月末、季末、年末）的财务状况的会计报表。它属于静态报表。资产负债表的作用主要体现在以下几个方面。

（1）资产负债表可以提供某个日期资产的总额及其结构，表明企业拥有或控制的资源及其分布情况。

（2）资产负债表可以提供某个日期负债的总额及其结构，表明企业未来需要用多少资产或劳务进行清偿及清偿时间。

（3）资产负债表可以反映所有者权益的多少，据以判断资本保值、增值情况及对负债的保障程度。

2.2　资产负债表的内容和结构

资产负债表是根据“资产=负债+所有者权益”这个基本的会计恒等式，按照一定的分类标准和次序，将某个特定日期的资产、负债、所有者权益的具体项目，予以适当的排列编制而成的。一般的资产负债表包括表头和表体两部分，其中表头主要包括表名、编制单位、编表时间和货币计量单位四个要素，表体应包括资产、负债和所有者权益各项目的名称以及期末余额和年初余额。

我国的资产负债表采用账户式格式，报表分左、右两方。左方列式资产，按照资产流动性大小排列，流动性大的如货币资金、交易性金融资产等排在前面，流动性小的如固定资产排在后面。右方列式负债和所有者权益，一般按要求清偿时间的先后顺序排列。“短期借款”等需要在一年以内或者长于一年的一个正常营业周期内偿还的流动负债，排在前面；“长期借款”等在一年以上才需要偿还的非流动负债排在中间；在企业清算之前不需要偿还的所有者权益项目排在后面。

资产负债表的具体格式如表 8-1 所示。

表 8-1 资产负债表

会企 01 表

编制单位： 年 月 日 单位：元

资 产	期末余额	年初余额	负债和所有者权益（或股东权益）	期末余额	年初余额
流动资产：			流动负债：		
货币资金			短期借款		
交易性金融资产			交易性金融负债		
应收票据			应付票据		
应收账款			应付账款		
预付款项			预收款项		
其他应收款			合同负债		
存货			应付职工薪酬		
合同资产			应交税费		
持有待售资产			其他应付款		
一年内到期的非流动资产			持有待售负债		
其他流动资产			一年内到期的非流动负债		
流动资产合计			其他流动负债		
非流动资产：			流动负债合计		
债权投资			非流动负债：		
其他债权投资			长期借款		
长期应收款			应付债券		
长期股权投资			长期应付款		
其他权益工具投资			预计负债		
其他非流动金融资产			递延收益		
投资性房地产			递延所得税负债		
固定资产			其他非流动负债		
在建工程			非流动负债合计		
生产性生物资产			负债合计		
油气资产			所有者权益（或股东权益）：		
无形资产			实收资本（或股本）		
开发支出			其他权益工具		
商誉			其中：优先股		
长期待摊费用			永续债		
递延所得税资产			资本公积		
其他非流动资产			减：库存股		
非流动资产合计			其他综合收益		
			盈余公积		
			未分配利润		

续表

资　产	期末余额	年初余额	负债和所有者权益（或股东权益）	期末余额	年初余额
			所有者权益（或股东权益）合计		
资产总计			负债和所有者权益（或股东权益）合计		

2.3 资产负债表编制的基本方法

2.3.1 “年初余额”的填列方法

资产负债表的“年初余额”栏通常根据上年末有关项目的期末余额填列，且与上年末资产负债表期末余额栏一致。如果有项目名称或内容不一致的情况，那么应当对上年末资产负债表相关项目的名称和数字按照本年度的规定进行调整，再填入“年初余额”栏。

2.3.2 “期末余额”的填列方法

资产负债表的“期末余额”栏主要有以下几种填列方法。

（1）根据一个或几个总分类科目余额填列。如“交易性金融资产”“短期借款”“资本公积”等项目，根据“交易性金融资产”“短期借款”“资本公积”各总分类科目的余额直接填列；有些项目则需要根据几个总分类科目的期末余额计算填列，如“货币资金”项目，需要根据“库存现金”“银行存款”“其他货币资金”三个总分类科目的期末余额的合计数填列。

（2）根据明细分类科目余额计算填列。例如，“预付款项”项目，需要根据“应付账款”科目借方余额和“预付账款”科目借方余额减去与“预付账款”有关的坏账准备贷方余额计算填列；“预收款项”项目，需要根据“应收账款”科目贷方余额和“预收账款”科目贷方余额计算填列；“应付职工薪酬”项目，需要根据“应付职工薪酬”科目的明细分类科目期末余额计算填列；“未分配利润”项目，需要根据“利润分配”科目中所属的“未分配利润”明细分类科目期末余额填列。

（3）根据总分类科目和明细分类科目余额分析计算填列。如“长期借款”项目，需要根据“长期借款”总分类科目余额扣除“长期借款”科目所属的明细分类科目中将在一年内到期且企业不能自主地将清偿义务展期的长期借款后的金额计算填列；“其他非流动资产”项目，应根据有关科目的期末余额减去将于一年内（含一年）收回数后的金额计算填列；“其他非流动负债”项目，应根据有关科目的期末余额减去将于一年内（含一年）到期偿还数后的金额计算填列。

（4）根据有关科目余额减去其备抵科目余额后的净额填列。例如，“应收票据”“应收账款”“在建工程”等项目，需要根据“应收票据”“应收账款”“在建工程”等科目的期末余额减去“坏账准备”“在建工程减值准备”等备抵科目余额后的净额填列；“固定资产”项目，需要根据“固定资产”科目的期末余额减去“累计折旧”科目的期末余额填列，已计提减值准备的，还应扣减相应的减值准备。

（5）综合运用上述填列方法分析填列。例如，“存货”项目，需要根据“原材料”“库存商品”“生产成本”“委托加工物资”“周转材料”“材料采购”“在途物资”“发出商品”“材料成本差异”等总分类科目期末余额的分析汇总数，再减去“存货跌价准备”科目余额后的净额填列。

2.4　资产负债表应用举例

【例 8-1】根据项目 7 表 7-7 所示的内容编制甲公司 20××年 8 月底的资产负债表，如表 8-2 所示。

表 8-2　甲公司资产负债表

会企 01 表

编制单位：甲公司　　　　20××年 8 月 31 日　　　　单位：元

资　产	期末余额	年初余额	负债和所有者权益（或股东权益）	期末余额	年初余额
流动资产：			流动负债：		
货币资金	262 790		短期借款	100 000	
交易性金融资产			交易性金融负债		
应收票据			应付票据		
应收账款			应付账款	99 550	
预付款项			预收款项		
其他应收款	5 600		合同负债		
存货	149 400		应付职工薪酬	45 000	
合同资产			应交税费	3 250	
持有待售资产			其他应付款	600	
一年内到期的非流动资产			持有待售负债		
其他流动资产			一年内到期的非流动负债		
流动资产合计	417 790	略	其他流动负债		略
非流动资产：			流动负债合计	248 400	
债权投资			非流动负债：		
其他债权投资			长期借款		

续表

资　产	期末余额	年初余额	负债和所有者权益（或股东权益）	期末余额	年初余额
长期应收款			应付债券		
长期股权投资			长期应付款		
其他权益工具投资			预计负债		
其他非流动金融资产			递延收益		
投资性房地产			递延所得税负债		
固定资产	398 380		其他非流动负债		
在建工程			非流动负债合计		
生产性生物资产			负债合计	248 400	
油气资产			所有者权益（或股东权益）：		
无形资产	50 000		实收资本（或股本）	500 000	
开发支出			其他权益工具		
商誉			其中：优先股		
长期待摊费用			永续债		
递延所得税资产			资本公积	50 000	
其他非流动资产			减：库存股		
非流动资产合计	448 380		其他综合收益		
			盈余公积	54 320	
			未分配利润	13 450	
			所有者权益（或股东权益）合计	617 770	
资产总计	866 170		负债和所有者权益（或股东权益）合计	866 170	

任务 3　编制利润表

3.1　利润表的概念和作用

利润表又称为损益表，是反映企业在一定会计期间经营成果的会计报表。它属于动态报表。

利润表的主要作用体现在以下几个方面。

（1）反映一定会计期间收入的实现情况。

（2）反映一定会计期间费用的支出情况。

（3）反映企业经营活动成果的情况，帮助财务报告使用者分析、评价企业资本的保值及增值等情况。

3.2　利润表的内容和结构

利润表是根据“利润=收入-费用”这个公式编制而成的。一般的利润表包括表头和表体两部分。表头应列明报表名称、编制单位、报表涵盖的会计期间和货币计量单位等内容。我国的利润表表体采用“多步式”结构，即上下加减的报告式结构，通过对当期不同性质的收入和费用分别进行对比，得出一些中间性的利润数据，以帮助会计报表使用者理解经营成果的不同来源和形成过程。

利润表的具体格式如表 8-3 所示。

表 8-3　利润表

会企 02 表

编制单位：　　　　　　　　　　　　年　　月　　　　　　　　　　　　单位：元

项　目	本期金额	上期金额
一、营业收入		
减：营业成本		
税金及附加		
销售费用		
管理费用		
研发费用		
财务费用		
其中：利息费用		
利息收入		
资产减值损失		
信用减值损失		
加：其他收益		
投资收益（损失以“-”填列）		
其中：对联营企业和合营企业的投资收益		
公允价值变动收益（损失以“-”填列）		
资产处置收益（损失以“-”填列）		
二、营业利润（损失以“-”填列）		
加：营业外收入		
减：营业外支出		
三、利润总额（亏损总额以“-”填列）		
减：所得税费用		
四、净利润（净亏损以“-”填列）		

续表

项　　目	本期金额	上期金额
五、其他综合收益的税后净额		
（一）不能重分类进损益的其他综合收益		
1. 重新计量设定收益计划变动额		
2. 权益法下不能转损益的其他综合收益		
…		
（二）将重分类进损益的其他综合收益		
1. 权益法下可转损益的其他综合		
2. 其他债权投资公允价值变动		
3. 金融资产重分类计入其他综合收益的金额		
…		
六、综合收益总额		
七、每股收益：		
（一）基本每股收益		
（二）稀释每股收益		

3.3 利润表编制的基本方法

3.3.1 “上期金额”栏的填列

“上期金额”栏应根据上期利润表“本期金额”栏内所列数字填列。如果上期利润表规定的各个项目的名称和内容与本期出现不一致，应按本期的规定进行调整，填入利润表“上期金额”栏内。

3.3.2 “本期金额”栏的填列

1. 填列步骤

第一步，在营业收入的基础上减营业成本、税金及附加、销售费用、管理费用、研发费用、财务费用、资产减值损失、信用减值损失，加其他收益、投资收益（或减损失）、公允价值变动收益（或减损失）、资产处置收益（或减损失）计算出营业利润。

第二步，在营业利润的基础上加营业外收入，减营业外支出，计算出利润总额。

第三步，在利润总额的基础上，减所得税费用，计算出净利润（或净亏损）。

第四步，以净利润（或净亏损）为基础计算每股收益。

第五步，以净利润（或净亏损）和其他综合收益为基础，计算综合收益总额。

2. 填列说明

利润表“本期金额”栏内的数字一般应根据损益类科目的净发生额分析填列。其中，营业利润、利润总额、净利润等项目应根据该表中的相关项目计算并填列。

3.4　利润表应用举例

【例 8-2】根据项目 7 表 7-7 所示的内容编制甲公司 20××年 8 月的利润表，如表 8-4 所示。（所得税税率按 25%计算）

表 8-4　甲公司利润表

会企 02 表

编制单位：甲公司　　20××年 8 月　　单位：元

项　目	本期金额	上期金额
一、营业收入	60 000	
减：营业成本	35 000	
税金及附加		
销售费用	3 500	
管理费用	8 050	
研发费用		
财务费用		（略）
其中：利息费用		
利息收入		
资产减值损失		
信用减值损失		
加：其他收益		
投资收益（损失以“-”填列）		
其中：对联营企业和合营企业的投资收益		
公允价值变动收益（损失以“-”填列）		
资产处置收益（损失以“-”填列）		
二、营业利润（损失以“-”填列）	13 450	
加：营业外收入		
减：营业外支出		
三、利润总额（亏损总额以“-”填列）	13 450	
减：所得税费用	3 362.5	
四、净利润（净亏损以“-”填列）	10 087.5	
五、其他综合收益的税后净额		
（一）不能重分类进损益的其他综合收益		
1. 重新计量设定收益计划变动额		
2. 权益法下不能转损益的其他综合收益		

续表

项　目	本期金额	上期金额
…		
（二）将重分类进损益的其他综合收益		
1. 权益法下可转损益的其他综合		
2. 其他债权投资公允价值变动		
3. 金融资产重分类计入其他综合收益的金额		
…		
六、综合收益总额		
七、每股收益：		
（一）基本每股收益		
（二）稀释每股收益		

任务 4　编制现金流量表

4.1　现金流量表的概念和作用

现金流量表是反映企业在一定时期内（如月度、季度或年度）的经营活动、投资活动和筹资活动对其现金及现金等价物所产生影响的会计报表。现金流量表以收付实现制为原则，属于动态报表。

现金流量是指企业在某一段时间内现金和现金等价物的流入和流出。

现金流量表里的现金是指库存现金、银行存款（不能随时用于支取的存款不属于现金）、其他货币资金等。

现金等价物是指企业持有的期限短、流动性强、易于转换为已知金额的现金，以及价值变动风险很小的投资（如三个月内到期的短期债券投资）。

现金流量表能够为企业资金的“来龙去脉”提供清晰的标注，能够弥补资产负债表和利润表的不足，便于经营者从现金流量的角度对企业进行考核，有利于对企业未来的经营能力和发展状况进行合理预测，从而对企业整体财务状况做出客观评价。

4.2　现金流量的分类和现金流量表的编制方法

4.2.1　现金流量的分类

企业的现金流量可以分为三类：经营活动产生的现金流量、投资活动产生的现金流量和筹资活动产生的现金流量。

1. 经营活动产生的现金流量

经营活动产生的现金流量是指企业的投资活动和筹资活动以外的所有交易活动和事项的现金流入和流出量。其具体包括：销售商品、提供劳务收到的现金，收到的税费返还，收到的其他与经营活动有关的现金；购买商品、接受劳务支付的现金，支付给职工及为职工支付的现金，支付的各项税费，支付的其他与经营活动有关的现金。

2. 投资活动产生的现金流量

投资活动产生的现金流量是指企业长期资产的购建及对外投资活动（不包括现金等价物范围的投资）的现金流入量和流出量。其具体包括：收回投资收到的现金，取得投资收益收到的现金，处置固定资产、无形资产和其他长期资产收到的现金净额，收到的其他与投资活动有关的现金；购建固定资产、无形资产和其他长期资产支付的现金，投资支付的现金，取得子公司及其他营业单位支付的现金净额，支付的其他与投资活动有关的现金。

3. 筹资活动产生的现金流量

筹资活动产生的现金流量是指企业接受投资和借入资金导致的现金流入和流出量。其具体包括：吸收投资收到的现金，取得借款收到的现金，收到的其他与筹资活动有关的现金；偿还债务支付的现金，分配股利、利润或偿付利息支付的现金，支付的其他与筹资活动相关的现金。

4.2.2　现金流量表的编制方法

现金流量表的编制方法有两种：直接法和间接法。

直接法是以利润表中的营业收入为计算点，剔除不涉及现金的经营活动、投资活动、筹资活动对现金流量的影响，进而计算出现金流量的一种方法。

间接法是以利润表中的净利润为起算点，剔除不涉及现金的经营活动对现金流量的影响，同时剔除投资活动和筹资活动发生的金额，进而计算出经营活动产生的现金流量的一种方法。

现金流量表可以根据相应会计年度的资产负债表和利润表并结合其他会计资料编制而成。

现金流量表的正表格式如表 8-5 所示。

表 8-5 现金流量表

会企 03 表

编制单位： 年 月 单位：元

项 目	本期金额	上期金额
一、经营活动产生的现金流量		
销售商品、提供劳务收到的现金		
收到的税费返还		
收到的其他与经营活动有关的现金		
现金流入小计		
购买商品、接受劳务支付的现金		
支付给职工及为职工支付的现金		
支付的各项税费		
支付的其他与经营活动有关的现金		
现金流出小计		
经营活动产生的现金流量净额		
二、投资活动产生的现金流量		
收回投资收到的现金		
取得投资收益收到的现金		
处置固定资产、无形资产和其他长期资产收到的现金净额		
收到的其他与投资活动有关的现金		
现金流入小计		
购建固定资产、无形资产和其他长期资产所支付的现金		
投资支付的现金		
取得子公司及其他营业单位支付的现金净额		
支付的其他与投资活动有关的现金		
现金流出小计		
投资活动产生的现金流量净额		
三、筹资活动产生的现金流量		
吸收投资收到的现金		
取得借款收到的现金		
收到的其他与筹资活动有关的现金		
现金流入小计		
偿还债务支付的现金		
分配股利、利润或偿付利息支付的现金		
支付的其他与筹资活动相关的现金		
现金流出小计		
筹资活动产生的现金流量净额		

续表

项　　目	本期金额	上期金额
四、汇率变动对现金的影响		
五、现金及现金等价物净增加额		
加：期初现金及现金等价物余额		
六、期末现金及现金等价物余额		

除了要对现金流量表的正表进行披露，企业还应该采用间接法在现金流量表补充资料中披露将净利润调节为经营活动产生的现金流量的信息。现金流量表补充资料的格式如表 8-6 所示。

表 8-6　现金流量表补充资料

单位：元

补充资料	本期金额	上期金额
一、将净利润调节为经营活动现金流量		
净利润		
加：计提的资产减值准备		
固定资产折旧		
无形资产摊销		
长期待摊费用摊销		
待摊费用减少（减：增加）		
预提费用增加（减：减少）		
处置固定资产、无形资产和其他长期资产的损失（减：收益）		
固定资产报废损失（减：收益）		
公允价值变动损失（减：收益）		
财务费用		
投资损失（减：收益）		
递延税款资产减少（减：增加）		
递延税款负债增加（减：减少）		
存货的减少（减：增加）		
经营性应收项目的减少（减：增加）		
经营性应付项目的增加（减：减少）		
其他		
经营活动产生的现金流量净额		
二、不涉及现金收支的投资和筹资活动		
债务转为资本		
一年内到期的可转换公司债券		
融资租入固定资产		

续表

补充资料	本期金额	上期金额
三、现金及现金等价物的净增加情况		
现金的期末余额		
减：现金的期初余额		
加：现金等价物的期末余额		
减：现金等价物的期初余额		
现金及现金等价物的净增加额		

任务 5　编制所有者权益变动表

5.1　所有者权益变动表的概念和作用

所有者权益变动表（若为股份制公司，则称其为股东权益变化表）是指反映构成所有者权益各组成部分当期增减变动情况的报表。

所有者权益变动表可以反映所有者拥有的权益及其增减变动情况，可以直观反映资本的增值、保值情况及对负债的保障程度，可以帮助企业投资者更好地做出投资决策。同时，所有者权益变动表反映了企业的内部结构、利润分配情况及企业活动对所有者权益的影响，而且它还可以为资产负债表和利润表提供辅助资料。

5.2　所有者权益变动表的内容和格式

所有者权益变动表至少应当单独列示反映下列信息的项目：综合收益总额，会计政策变更和前期差错更正的累积影响金额，所有者投入资本和向所有者分配的利润等，按照规定提取的盈余公积，所有者权益各组成部分的期初余额和期末余额及其调节情况。所有者权益变动表格式如表 8-7 所示。

表 8-7　所有者权益变动表

会企 04 表

编制单位：　　　　　　　　　　　　年度　　　　　　　　　　　　单位：元

项　目	本年金额						上年金额					
	实收资本（或股本）	资本公积	减：库存股	盈余公积	未分配利润	所有者权益合计	实收资本（或股本）	资本公积	减：库存股	盈余公积	未分配利润	所有者权益合计
一、上年年末余额												

续表

项　目	本年金额						上年金额					
	实收资本（或股本）	资本公积	减：库存股	盈余公积	未分配利润	所有者权益合计	实收资本（或股本）	资本公积	减：库存股	盈余公积	未分配利润	所有者权益合计
加：会计政策变更												
前期差错更正												
其他												
二、本年年初余额												
三、本年增减变动金额（减少以“-”号填列）												
（一）综合收益												
（二）所有者投入和减少的资本												
1. 所有者投入的普通股												
2. 其他权益工具持有者投入的资本												
3. 股份支付计入所有者权益的金额												
4. 其他												
（三）利润分配												
1. 提取盈余公积												
2. 对所有者（或股东）的分配												
3. 其他												
（四）所有者权益内部结转												
1. 资本公积转增资本（或股本）												
2. 盈余公积转增资本（或股本）												
3. 盈余公积弥补亏损												
4. 其他												
四、本年年末余额												

【知识拓展】

会计报表附注应披露以下主要内容。

1. 不符合基本会计假设的说明。

2. 重要会计政策和会计估计的说明，以及重大会计差错更正的说明。

会计报表附注应披露的重要会计政策主要包括：

（1）编制会计合并报表所采纳的原则；

（2）外币折算时所采用的方法；

（3）收入的确认原则；

（4）所得税的会计处理方法；

（5）短期投资的期末计价方法；

（6）存货的计价方法；

（7）长期股权投资的核算方法；

（8）长期债权投资的溢折价的摊销方法；

（9）坏账损失的具体会计处理方法；

（10）借款费用的处理方法；

（11）无形资产的计价及摊销方法。

（12）应付债券的溢折价的摊销方法。

3. 或有事项的说明。

4. 资产负债表日后事项的说明。

5. 关联方关系及其交易的说明。

6. 会计报表中重要项目的说明。

会计报表中的重要项目主要包括：

（1）应收款项（不包括应收票据）及计提坏账准备的方法；

（2）存货、投资核算的方法；

（3）固定资产计价和折旧的方法；

（4）无形资产计价和摊销的方法；

（5）长期待摊费用的摊销方法；

（6）收入的分类及金额；

（7）所得税的会计处理方法。

7. 其他重大会计事项的说明。

（1）企业合并、分立；

（2）重要资产的转让或出售情况；

（3）重大投资、融资活动；

（4）合并会计报表的说明；

（5）其他有助于理解和分析会计报表的事项。

基础知识测评

一、单项选择题

1. 下列各项中，应根据相应总分类科目余额直接在资产负债表中填列的是（　　）。

A. 固定资产　　B. 长期借款

C. 短期借款　　D. 应收票据和应收账款

2. 某企业采用实际成本法核算存货。年末结账后，该企业“原材料”科目借方余额为 80 万元，“工程物资”科目借方余额为 15 万元，“在途物资”科目借方余额为 20 万元，不考虑其他因素，该企业年末资产负债表“存货”项目中应填列（　　）。

A. 100　　B. 95

C. 35　　D. 115

3. 下列各项中，应列入利润表“营业收入”项目的是（　　）。

A. 销售材料取得的收入　　B. 出售专利权取得的收入

C. 接受赔款的收入　　D. 出售机器设备取得的收入

4. 下列各项中，不属于所有者权益变动表中单独列示的项目是（　　）。

A. 所有者投入资本　　B. 会计估计变更

C. 综合收益总额　　D. 会计政策变更

5. 下列各项中，属于对资产负债表、利润表等报表中列示项目的文字描述或明细资料，以及对未能在这些报表中列示项目的说明的是（　　）。

A. 财务情况说明书　　B. 附注

C. 董事会报告　　D. 管理层讨论分析书

二、多项选择题

1. 个别会计报表是独立核算的企业用来反映自身的（　　）。

A. 经营成果　　B. 财务状况

C. 现金流量　　D. 职工人员变动情况

2. 下列项目中，属于资产负债表中“流动资产”项目的有（　　）。

A. 预付账款　　B. 债权投资

C. 预收账款　　D. 存货

3．下列说法中，关于利润表中各项目的“本期金额”填列方法表述正确的有（　　）。

A．“管理费用”项目应根据“管理费用”科目的本期发生额分析填列

B．“营业利润”项目应根据“本年利润”科目的本期发生额分析填列

C．“税金及附加”项目应根据“应交税费”科目的本期发生额分析填列

D．“营业收入”项目应根据“主营业务收入”和“其他业务收入”科目的本期发生额分析填列

4．下列项目中，属于现金流量表中投资活动产生的现金流入量的是（　　）。

A．收回投资收到的现金

B．取得投资收益收到的现金

C．处置固定资产、无形资产和其他长期资产收到的现金净额

D．收到的其他与投资活动有关的现金

5．下列项目中，属于企业应当在会计报表的显著位置至少披露的有（　　）。

A．企业名称

B．货币单位

C．资产负债表日或会计报表涵盖的会计期间

D．会计报表是合并报表的，应予以标明

三、判断题

1．资产负债表是反映企业在某个特定日期的财务状况的会计报表。（　　）

2．企业至少应该按月编制报表。（　　）

3．利润表是根据“资产=负债+所有者权益”这个会计等式编制的。（　　）

4．现金流量表中的间接法是以利润表中的营业收入为起算点，剔除不涉及现金的经营活动、投资活动、筹资活动对现金流量的影响，进而计算出现金流量的一种方法。（　　）

5．所有者权益变动表（若为股份制公司，则称其为股东权益变化表）是指反映构成所有者权益各组成部分当期增减变动情况的报表。

岗位能力测评

（一）练习资产负债表的编制。

甲公司20××年12月末有关账户余额如下所示。

账户名称	借方余额	账户名称	贷方余额
库存现金	3 100	短期借款	45 000
银行存款	45 400	应付账款	24 600
应收账款	11 000	其他应付款	850
在途物资	2 600	应付职工薪酬	19 850

续表

账户名称	借方余额	账户名称	贷方余额
原材料	12 000	应交税费	8 600
库存商品	8 600	长期借款	50 000
生产成本	4 700	累计折旧	17 500
固定资产	400 000	实收资本	300 000
无形资产	12 000	盈余公积	25 000
利润分配	27 000	本年利润	35 000

要求：根据上述资料，完成资产负债表的编制。

（二）练习利润表的编制。

乙公司20××年12月31日结账前损益类账户余额如下：

账户名称	借方余额	账户名称	贷方余额
主营业务成本	247 800	主营业务收入	489 500
销售费用	19 850	营业外收入	8 500
管理费用	31 000	投资收益	24 000
财务费用	2 680		
营业外支出	12 000		

要求：根据上述资料编制利润表。（所得税税率按25%计算）

附录 A 综合练习

甲公司 2019 年 2 月末的总分类账和明细分类账科目余额，如表 A-1、表 A-2 所示。

表 A-1　总分类账户余额

2019 年 3 月 1 日

账户名称	金　额	账户名称	金　额
库存现金	6 000	累计折旧	50 000
银行存款	50 000	短期借款	50 000
原材料	4 000	长期借款	80 000
生产成本	20 000	实收资本	200 000
库存商品	40 000	盈余公积	40 000
固定资产	300 000		
合计	420 000	合计	420 000

表 A-2　明细分类账户余额

2019 年 3 月 1 日

账户名称	金　额	账户名称	金　额
原材料——A 材料	4 000	库存现金——产品	30 000
生产成本——×产品	20 000		

甲公司 2019 年 3 月发生的经济业务如下。（假定除下列经济业务外，该公司未发生其他经济业务事项。）

1．3 月 2 日，购入 A 材料 2 000 千克，单价 8 元/千克，价款共计 16 000 元，增值税率为 13%，材料已经入库，货款以银行存款支付。

2．3 月 8 日，李丽出差借差旅费 5 000 元。

3．3 月 10 日，销售×产品 1 000 件，单件售价 50 元，共计价款 50 000 元，增值税率为 13%，货物已发出，款项收到已存入银行。

4．3 月 15 日，用现金支付销售×产品运费 800 元。

5．3 月 20 日，为生产×产品领用材料 500 千克，单价为 8 元/千克，共计 4 000 元。

6．3 月 25 日，李丽出差回来报销差旅费 4 500 元，归还多余款 500 元。

7．3 月 31 日，以银行存款支付本月保险费 1 200 元。

8．3月31日，以银行存款支付借款利息1 800元。

9．3月31日，计提本月应交的城建税1 000元，应交的教育费附加500元。

10．3月31日，结转已售×产品成本，该产品单位成本30元，成本共计30 000元。

11．3月31日，结转本月的主营业务收入。

12．3月31日，结转本月的主营业务成本。

13．3月31日，结转本月的税金及附加、销售费用、财务费用、管理费用。

14．3月31日，计算本月应交所得税3 060元。

15．3月31日，结转本月所得税。

16．3月31日，结转本年净利润。

要求：根据经济业务编制会计分录以及现金和银行存款收付款凭证，逐笔登记现金日记账和银行存款日记账，根据记账凭证（会计分录）登记总分类账和明细分类账（“T”形账）

反侵权盗版声明

电子工业出版社依法对本作品享有专有出版权。任何未经权利人书面许可，复制、销售或通过信息网络传播本作品的行为；歪曲、篡改、剽窃本作品的行为，均违反《中华人民共和国著作权法》，其行为人应承担相应的民事责任和行政责任，构成犯罪的，将被依法追究刑事责任。

为了维护市场秩序，保护权利人的合法权益，我社将依法查处和打击侵权盗版的单位和个人。欢迎社会各界人士积极举报侵权盗版行为，本社将奖励举报有功人员，并保证举报人的信息不被泄露。

举报电话：（010）88254396；（010）88258888

传　　真：（010）88254397

E-mail：　dbqq@phei.com.cn

通信地址：北京市万寿路173信箱　电子工业出版社总编办公室

邮　　编：100036